AKT 10



think oya

Für Anregungen, Kritik und Zuspruch bedanke ich mich bei meinen Kolleginnen und Kollegen des Kollektivs »Unleashing Fantasy for Transformation«: Andrea Vetter, Corinna Dengler, Eugen Pissarskoi, Jana Gebauer, Kristina Utz und Simon Scholl; sowie bei Karen Nölle für Ermutigung zur Lakonie und bei Hans-Ulrich Möhring für Unterstützung bei der Übertragung von Passagen aus Gedichten William Blakes. (M. F.)

Die Originaltexte erschienen bei den Verlagen Grove Press, Hougthon Mifflin Harcourt, PM Press und Shambhala, USA; siehe »Quellennachweise«, S. 95.

Ursula K. Le Guin – Am Anfang war der Beutel
Warum uns Fortschritts-Utopien an den Rand des Abgrunds führten und wie Denken in Rundungen die Grundlage für gutes Leben schafft
Akt 10


thinkOya ist ein Imprint der Drachen Verlag GmbH, Klein Jasedow

4. überarbeitete Auflage 2025

Gestaltung: Marlena Sang
Druck und Bindung: Finidr, s.r.o., Český Těšin, Tschechien

Kontaktadresse nach EU-Sicherheitsverordnung: info@think-oya.de

ISBN 978-3-947296-08-8

**www.think-oya.de**

# Am Anfang war der Beutel

## Warum uns Fortschritts-Utopien an den Rand des Abgrunds führten und wie Denken in Rundungen die Grundlage für gutes Leben schafft

**Ursula K. Le Guin**

*Essays, Reden und ein Gedicht –*
*ausgewählt, übersetzt und eingeleitet von Matthias Fersterer*

thinkoya

# Inhalt

# Warum es lohnend ist, Ursula K. Le Guins Werk zu lesen

## Vorwort des Verlags

Warum ist es lohnend, Ursula K. Le Guin (1929–2018) zu lesen – sowohl die nachfolgende Auswahl an Essays, Reden und einem Gedicht als auch ihr erzählerisches Werk? Dafür gibt es viele gute Gründe; die aus meiner Sicht naheliegendsten möchte ich kurz benennen:

»Alles könnte anders sein« – so lautet eine Essenz, die sich aus Ursula K. Le Guins Werk ziehen lässt. Le Guin erinnert uns daran, dass die gesellschaftlichen Gegebenheiten, in die wir hineingeboren werden, nicht zwangsläufig sind. Zwar spielen viele ihrer Romane und Erzählungen in zeitlich wie räumlich weit entfernten Welten, die zunächst nur wenig mit unserer Wirklichkeit zu tun zu haben scheinen; dennoch bezieht sie sich darin immer auch ausdrücklich auf das Hier und Jetzt: In einem Interview erklärte Le Guin einmal, sie habe niemals über die Zukunft geschrieben, sondern nutze ›die Zukunft‹ als Metapher für die einzige Zeit, die sie interessiere: die Gegenwart.

Dies bedeutet jedoch nicht, dass Ursula K. Le Guin sich nicht auch dafür interessiert hätte, wo wir herkommen: Im Essay »Die Tragetaschentheorie des Erzählens« (siehe S. 12) erzählt sie die Geschichte der Mensch- und Kulturwerdung in Anlehnung an die Autorin Elizabeth Fisher als fürsorgendes Miteinander – nicht, wie so oft üblich, als Daseinskampf von »Wölfen unter Wölfen«; diese vielzitierte Wendung von Thomas Hobbes sitzt, nebenbei bemerkt, einem Irrtum auf: Wölfe sind keine rücksichtslosen Egoisten, sondern kooperative Rudelwesen mit ausgeprägtem Sozialverhalten. Wenn wir angesichts unserer vielen Menschheitsherausforderungen als Art überleben wollen, so täten wir gut daran, uns daran zu erinnern, dass am Anfang nicht der Speer, nicht das Schwert, nicht das Faustrecht standen – am Anfang war der Beutel!

In ihrem gesamten Werk demaskierte Le Guin utopistisches Fortschrittsdenken als eine patriarchale Phantasie, die früher oder später unausweichlich in Totalitarismus und Gewalt umschlägt – auch wenn Utopien freilich nicht in übler Absicht, sondern im Namen von Sicherheit, Wohlstand, Fortschritt, ja, eines »besseren Lebens« erdacht wurden und werden. Ursula K. Le Guin ruft uns in Erinnerung, dass wir heute alle Bewohnerinnen und Bewohner gesellschaftlicher Utopien sind und dass diese sich allzu leicht ins exakte Gegenteil dessen, wofür sie ursprünglich angetreten waren, verkehren. Gleichzeitig erinnert sie daran, dass wir uns unserer Vorstellungskraft bedienen können (S. 22), um andere Utopien – ›Yin-Utopien‹ – zu erdenken und zu erzählen (S. 29 und S. 75). So wie es für das fiktive indigene Volk der Kesh aus Le Guins Opus magnum »Immer nach Hause« nicht den einen verbindlichen Welterklärungsmythos gibt, sondern in der einen Ortschaft die eine und in der nächsten schon wieder eine ganz andere Geschichte davon, wie die Welt entstanden sei, erzählt wird, so legen sich Yin-Utopien auch nicht wie Matrizen über die lebendige, vielfältige Welt, sondern lassen Raum für unzählige, verschiedenartige Orte des guten Lebens und deren Geschichten. Sie haben mehr mit Flickenteppichen als mit Blaupausen, mehr mit oraler Erzählkunst als mit gedruckten Traktaten gemein; Yin-Utopien kommen auch weniger schillernd und marktschreierisch daher als ihre Yang-lastigen Gegenstücke – deshalb lassen sie sich auch nicht so leicht durch extremistische Ideologien korrumpieren.

Yin-Utopien speisen sich aus Vielfalt und Andersheit. Ursula K. Le Guins gesamtes Werk kann übrigens als eine Absage an den verheerenden Mythos von der Überlegenheit weißer westlicher Männer gelesen werden – es lädt die Lesenden dazu ein, das eigene Denken zu dekolonisieren und sich folgenden Umstand ins Bewusstsein zu rufen: Wir sind Teil einer umfassenden Gemeinschaft, nennen wir sie »Erdgemeinschaft«; Frauen, Schwarze, Indigene, People of Color oder junge Menschen daraus auszuschließen oder zu diskriminieren, ist schmerzhaft und inakzeptabel (S. 60). Punktum. Doch damit nicht genug, denn diese Erdgemeinschaft endet nicht bei der menschlichen Welt. In einem späten Vortrag sprach Le Guin davon, dass wir Menschen mit den Tieren, Pflanzen, ja, selbst Steinen in einem stofflichen Sinn verwandt sind (S. 79). Indem sie uns an etwas erinnerte, das viele indigene Völker seit je wussten, skizzierte Ursula K. Le Guin die Grundlage für einen »aufgeklärten Animismus«, der dem in Gesellschaften westlicher Prägung vorherrschenden »egozentrischen« ein »geozentrisches« Weltbild gegenüberstellt – freilich nicht im ptolemäischen, vorkopernikanischen Sinn, dass die Sonne sich um die Erde drehe, sondern im Sinn einer Ethik, die diese Erdgemeinschaft in die Mitte unseres Tuns, Denkens und Seins rückt.

Schließlich möchte ich noch einen ganz persönlichen Grund nennen, warum ich das Werk von Ursula K. Le Guin lese und immer wieder lese: Es sprach mich an. An einem dunklen Herbstabend rief es mich, und ich folgte dem Ruf.

Auf Ursula K. Le Guin bin ich dank einer Namensverwechslung gestoßen. Aus einem mir unbekannten Grund dämmerte an einem stürmischen Abend im Herbst 2017 eine Kindheitserinnerung in mir auf, die den Französisch klingenden Namen einer Science-Fiction-Autorin enthielt. Vor meinem inneren Auge sah ich das Jugendzimmer meiner vier Jahre älteren Schwester mit deren Bücherregal, aus dem mir eine Reihe von Büchern ebenjener Autorin entgegenblickte. An sich ist das nicht verwunderlich – was eine große Schwester denkt, sagt, hört und liest, kann von großer Bedeutung für einen kleinen Bruder sein, der sich einen Reim auf die Welt zu machen versucht. Nur leider gelang es mir nicht, den auf den Buchrücken prangenden Autorinnennamen zu entziffern – speiste sich dieses Erinnerungsbild vielleicht aus einer Zeit, in der ich noch nicht lesen konnte? Wie dem auch sei. Ich trug meine Erinnerung ins Internet, und eine Suchanfrage nach »Autorin« plus »Science-Fiction« plus »französischer Name« – führte mich schnurstracks zu Ursula K. Le Guin. Etwas später stieß ich dann noch auf den Namen jener eigentlich mit den Büchern aus meiner Erinnerung verknüpften Autorin. Doch um ehrlich zu sein, war mein Interesse an dieser inzwischen einem Gefühl der Ehrfurcht vor jener Autorin, die ich gerade entdeckt hatte, gewichen.

Als ich nämlich zu erkennen begann, wer Ursula K. Le Guin war und welches Werk sie geschaffen hatte, staunte ich nicht schlecht. Sie schien fast zu gut, um wahr zu sein: Eine anthropologisch, feministisch, daoistisch, öko-sozial geprägte Erzählerin mit einem Hang zu Anarchismus und Animismus, die den

Versprechungen der schönen neuen Technikwelt mit einer ordentlichen Portion Skepsis begegnete.

Also las ich mich in Le Guins Werk ein. Ich begann mit »Ein nicht-euklidischer Blick auf Kalifornien als kalten Ort in spe« – eine radikale Kritik dessen, was seit Thomas Morus als ›Utopie‹ bezeichnet wird, wie auch ein Plädoyer für andere, für Yin-Utopien. Es war naheliegend, danach zu »Immer nach Hause« zu greifen, Ursula K. Le Guins meisterhaftem Versuch, eine ebensolche Yin-Utopie zu schreiben. Während ich mich weiter in ihre Bücher vertiefte, fiel mir auf, dass bislang kaum etwas aus ihrem essayistischen Werk ins Deutsche übersetzt worden war. In mir wuchs der Wunsch, einige der Essays, die mir in den vergangenen Monaten so wertvoll geworden waren, einer deutschen Leserschaft zugänglich zu machen.

Etwa vier Monate, nachdem ich Le Guins Werk für mich entdeckt hatte, erzählte ich eines Nachmittags, an den Herd unserer Gemeinschaftsküche gelehnt, einer Freundin und Kollegin, Lara Mallien, davon, dass ich auf diese sagenhafte Autorin gestoßen sei und mich mit der Idee trüge, einige ihrer Texte zu übersetzen. Ich erzählte von Yin-Utopien, von der Dekolonisierung des Denkens und den kulturgeschichtlichen Wurzeln von Fürsorge und Kooperation. Es sprudelte nur so aus mir heraus. Ich erzählte von »heißen« und »kalten« Gesellschaften, von Tragetaschen, aufgeklärtem Animismus und der Unverfrorenheit, mit der Le Guins Novelle »Das Wort für Welt heißt Wald« ungefragt für den Blockbuster »Avatar« ausgeschlachtet worden war; ich sprach von den Kesh, die mich an die Wendung »ein leises Land / einfältig Volk« aus Walter Jervens Übersetzung des Daodejing erinnerten – jenem Werk Laozis, das Ursula K. Le Guin selbst in jahrzehntelanger Arbeit ins Englische übertragen hatte! Ich redete wie ein Wasserfall.

Nach einer kurzen Pause sagte Lara sinnend: »Ursula K. Le Guin? Ich habe mal ein Buch von ihr gelesen, als ich mit sechzehn in England zur Schule ging. Damals war ich auf den Auftakt der Erdsee-Reihe gestoßen. Das ist jetzt bald drei Jahrzehnte her, aber es gibt darin einen Satz, den ich all die Zeit über behalten habe.« Aus dem Gedächtnis zitierte Lara den »ersten und letzten Grundsatz«, den der Zauberlehrling Ged von seinem Meister mit auf den Weg bekam: »Heile die Wunde und kuriere die Krankheit, aber lass die sterbende Seele gehen.«

Es war Samstag, der 20. Januar 2018. Zwei Tage darauf, am Montag, dem 22. Januar 2018, verstarb Ursula K. Le Guin mit 88 Jahren in ihrem Haus in Portland, Oregon.

Was genau bei jenem nachmittäglichen Küchenplausch geschehen ist, weiß ich nicht. Für einen kurzen Augenblick war da ein über uns hinausreichendes Gefühl von Verbundenheit, und ein auf tiefen Sinn verweisender Funke blitzte auf und verschwand wieder – so wie wir, als wir uns nach dem kurzen Herdgespräch wieder unseren Alltagsverrichtungen zuwandten. Ich möchte diese kleine, aber bemerkenswerte Begebenheit nicht größer machen, als sie ist. Da sie jedoch einer der Gründe ist, warum Sie, liebe Leserin und lieber Leser, dieses Buch nun in Händen halten, wollte ich sie Ihnen nicht vorenthalten.

Seit jenem Herbstabend »spricht« dieses literarische Werk durch die Worte seiner Autorin zu mir. Das ist gar nicht so erstaunlich, wie es zunächst klingen mag, ist doch das Lesen, wie Ursula K. Le Guin uns erinnerte, ein gemeinschaffender Akt mit einem anderen Geist – *»communion with another mind«* (S. 27).

Lesen wirkt über Raum und Zeit hinweg.

*Matthias Fersterer*
*Klein Jasedow am 23. Februar 2020*

# Die Tragetaschen-theorie des Erzählens

In den gemäßigten und tropischen Regionen, in denen sich allem Anschein nach die Evolution von Menschenaffen zu Menschen ereignete, waren Pflanzen das Hauptnahrungsmittel unserer Spezies.[1] Fünfundsechzig bis achtzig Prozent dessen, wovon Menschen sich in diesen Regionen in paläolithischer, neolithischer und vorgeschichtlicher Zeit ernährten, wurde gesammelt; nur in den extremen arktischen Regionen war Fleisch das Hauptnahrungsmittel. Die Mammutjäger[2] mögen prominent auf Höhlenwänden prangen und unsere Vorstellung in Besitz nehmen, doch um lebendig und wohlgenährt zu bleiben, sammelten wir Samen, Wurzeln, Sprossen, Triebe, Blätter, Nüsse, Beeren, Früchte und Körner, mit Käfern und Weichtieren, in Netzen oder Schlingen gefangenen Vögeln, Fischen, Ratten, Kaninchen und anderer stoßzahnloser Kleintierbeute als Eiweißbeilage. Und dafür mussten wir nicht einmal schwer arbeiten – weit weniger schwer als Bauern, die nach Erfindung der Landwirtschaft auf anderer Leute Feldern schufteten, weit weniger als Lohnarbeiter seit der Erfindung der Zivilisation. Prähistorische Menschen brauchten im Schnitt nicht mehr als fünfzehn Stunden pro Woche zu arbeiten, um ein gutes Leben führen zu können. Fünfzehn Stunden pro Woche für die Subsistenz zu arbeiten lässt viel Raum für andere Tätigkeiten. So viel Zeit, dass jene Rastlosen, die gerade weder ein Kleinkind hatten, das sie auf Trab hielt, noch die Fertigkeiten zu bauen, zu kochen, zu singen oder überaus interessante Gedanken zu denken, sich vielleicht lieber aus dem Staub machten und Mammuts jagen gingen. Die geschickten Jäger kehrten dann beladen mit Bergen von Fleisch und Elfenbein zurück – und mit einer Geschichte. Entscheidend war nicht das Fleisch. Entscheidend war die Geschichte.

Es ist schwer, eine wirklich packende Geschichte davon zu erzählen, wie ich erst einer wilden Haferspelze ein Haferkorn abgerungen habe und dann noch einer und dann noch einer und dann noch einer und dann noch einer; und dann habe ich mich an meinen Mückenstichen gekratzt, und Ool hat einen Witz gemacht, und dann sind wir zum Fluss gegangen und haben Wasser getrunken und eine Weile den Molchen zugeschaut, und dann habe ich irgendwo anders wieder Hafer entdeckt ... Nein, diese Geschichte kann beim besten Willen nicht mit jener mithalten, wie ich meinen Speer tief in die riesenhafte haarige Flanke gestoßen habe, während Oob, von einem gewaltigen Stoßzahn durchbohrt, sich unter Schreien wand und überall purpurne Blutfontänen herausschossen, und wie Boob zu Sülze zerquetscht wurde, als das Mammut auf ihn fiel, nachdem ich es mit meinem Pfeil zielsicher durchs Auge direkt ins Gehirn getroffen hatte.

Diese Geschichte hat nicht nur Action, sie hat auch einen Helden. Helden sind wirkmächtig. Unversehens werden die

Männer und Frauen im wilden Hafergrund und deren Kinder und die Fertigkeiten der Schöpferischen und die Gedanken der Denker und die Lieder der Sängerinnen in sie eingefügt: in den Dienst der Heldengeschichte gezwungen. Doch es ist nicht ihre Geschichte. Es ist seine.

Als Virginia Woolf das Buch plante, aus dem schließlich der Essay »Drei Guineen« hervorging, trug sie die Überschrift ›Glossar‹ in ihr Notizbuch ein; sie wollte die englische Sprache neu erfinden, um eine andere Geschichte zu erzählen. Ein Glossareintrag lautet ›Heldentum‹ *(heroism)*, definiert als ›Botulismus‹. Und ›Held‹ *(hero)* wird in Woolfs Wörterbuch mit ›Flasche‹ *(bottle)* übersetzt. Der Held als Flasche, eine stringente Neubewertung. Ich hingegen schlage nun vor, die Flasche zum Helden zu küren.

Nicht nur die Flasche Gin oder Wein, sondern ›Flasche‹ im älteren Sinn als allgemeine Bezeichnung für ein Behältnis, ein Ding, das etwas anderes aufnimmt.[3]

Wenn man nichts hat, in das man Nahrung hineintun kann, wird sie sich früher oder später verflüchtigen – selbst wenn es sich um etwas so Wehrloses und Inaktives wie Haferkörner handelt. Solange sie griffbereit sind, lassen sie sich dem ersten und wichtigsten Gefäß, dem eigenen Magen, einverleiben; was aber ist morgen früh, wenn es nach dem Aufstehen kalt und regnerisch ist? Wäre es dann nicht gut, wenn du ein paar Handvoll Hafer hättest, um selbst etwas zwischen die Zähne zu bekommen und die kleine Oom damit zu beruhigen – wie aber schaffst dus mehr als das, was in den eigenen Magen und in die hohle Hand passt, nach Hause? Also gilt es wohl oder übel, aufzustehen und durch den Regen zur klitschnassen Haferwiese zu stapfen. Aber wäre es da nicht ungemein praktisch, etwas zu haben, in das du Baby Oo Oo hineinlegen könntest, um beide Hände zum Hafersammeln frei zu haben? Ein Blatt, eine Kalebasse, eine Muschel, ein Netz, einen Beutel, ein Tragetuch, einen Sack, eine Flasche, einen Topf, eine Schachtel, eine Schüssel. Ein Gefäß. Ein Behältnis.

> Das erste Werkzeug war wahrscheinlich ein Behältnis ... Vielen Theorien zufolge handelte es sich bei den ältesten kulturellen Erfindungen um Behältnisse zum Transport von Gesammeltem und um eine Art Tragetuch oder Tragenetz.[4]

So schreibt Elizabeth Fisher in »Women's Creation«. Doch halt, das kann nicht sein. Wo ist denn dann das wunderbare, große, lange, harte Ding – ein Knochen, wenn ich mich recht erinnere –, mit dem der Affenmensch in dem Film einen anderen erschlägt, und das er, nachdem er den ersten veritablen Mord mit ekstatischem Grunzen gefeiert hat, in den Himmel hochwirft, wo es sich im wirbelnden Flug in ein durchs All schnellendes Raumschiff verwandelt, das den Kosmos befruchtet und am Ende des Films einen entzückenden Fötus hervorbringt, natürlich einen Jungen, der (seltsamerweise) so ganz ohne Mutterleib, so ganz ohne Gebärmutter durch die Milchstraße schwebt?[5] Ich weiß es nicht. Es interessiert mich auch nicht. Diese Geschichte erzähle ich nicht. Wir kennen sie zur Genüge, wir alle haben bereits alles nur Erdenkliche über all die Stöcke und Speere und Schwerter gehört, jene langen, harten Dinger, mit denen man schlagen, stechen und hauen kann, aber wir haben noch nichts von jenem Ding gehört, in das man Dinge hineintun kann, dem Behälter für das Behaltene. Diese Geschichte ist neu. Sie hat Neuigkeitswert.

Und zugleich ist sie alt. Älter – genauer bedacht, sicher weitaus älter – als die Waffe (ein luxuriöses, überflüssiges Werkzeug jüngeren Datums); viel älter als die nützlichen Werkzeuge Messer und Beil; etwa gleich alt wie die unverzichtbaren Dresch-,

Schab- und Grabwerkzeuge – denn was nützt es, viele Kartoffeln ausgraben zu können, wenn es nichts gibt, um diejenigen, die nicht an Ort und Stelle verspeist werden können, nach Hause zu schleppen? Gleich alt, wenn nicht gar älter als das Werkzeug, das Energie in den Raum schleudert, ist das Werkzeug, das Energie nach Hause bringt. Das klingt mir plausibel. Ich bin eine Anhängerin von Fishers »Tragetaschentheorie der menschlichen Evolution«.

Diese Theorie erklärt nicht nur große blinde Flecken und vermeidet beträchtlichen Unsinn anderer (überwiegend von Tigern, Füchsen und sonstigen Säugetieren mit starkem Revierverhalten bevölkerten) Theorien; sie erdet mich auch ganz persönlich auf eine mir bislang unbekannte Weise in der menschlichen Kultur. Solange mir Kultur als etwas vermittelt wurde, das sich aus der Verwendung langer, harter Objekte, mit denen sich stechen, hauen und töten lässt, begründete und weiterentwickelte, hatte ich nie das Gefühl, dass ich besonders viel damit zu tun hätte oder haben wollte. (»Was Freud als den Mangel an Zivilisation der Frau missdeutete, ist tatsächlich ihre mangelnde *Loyalität* gegenüber der Zivilisation«, wie Lillian Smith beobachtete.) Das von diesen Theoretikern vorausgesetzte Verständnis von Gesellschaft, von Zivilisation war offenkundig ihr eigenes; sie besaßen es, und es gefiel ihnen; sie waren Menschen, mustergültige Menschen, die hauten, stießen, stachen, töteten. Da ich auch ein Mensch sein wollte, suchte ich nach Belegen für meine Menschlichkeit; doch wenn eine dadurch zum Menschen wird, dass sie eine Waffe baut, um damit zu töten, dann war ich entweder ein nachweislich völlig mangelhaftes Menschenwesen oder aber überhaupt kein Mensch.

Ja, genau, wurde darauf erwidert. Du bist eben eine Frau. Möglicherweise gar kein Mensch, auf jeden Fall aber mangelhaft. Und nun sei still, damit wir die Geschichte vom Aufstieg des heldenhaften Menschen weitererzählen können.



Nur zu, sage ich und mache mich zum wilden Hafer auf, mit Oo Oo im Tragetuch und der kleinen, ein Körbchen tragenden Oom an meiner Seite. Erzählt nur weiter davon, wie das Mammut auf Boob fiel und wie Kain über Abel herfiel und wie die Bombe auf Nagasaki fiel und wie brennendes Napalm auf die Dorfleute fiel und wie die Lenkraketen auf das Imperium des Bösen fallen werden und von all den anderen Entwicklungsstufen im Aufstieg des Menschen.

Wenn es etwas typisch Menschliches ist, etwas, das wir haben möchten, weil es nützlich, essbar oder schön ist, in eine Tasche oder einen Korb oder ein Stück gewölbte Borke oder ein gerolltes Blatt oder ein aus den eigenen Haaren gewebtes Netz oder dergleichen mehr zu geben und es dann mit nach Hause zu nehmen, wobei zu Hause schlicht eine weitere, größere Art von Beutel oder Tasche ist, ein Gefäß für Menschen, und es später herauszunehmen und zu essen oder zu teilen oder für den Winter in einem solideren Gefäß einzulagern oder ins Medizinbündel oder in den Schrein oder ins Museum zu geben, an den heiligen Ort, der das, was heilig ist, bewahrt, und dann am darauffolgenden Tag mehr oder weniger dasselbe zu tun – wenn das menschlich ist, wenn es das ist, was es braucht, dann bin ich schließlich doch ein Mensch. Zum allerersten Mal vollends menschlich und dabei frei und froh.

An dieser Stelle möchte ich umgehend klarstellen, dass ich keineswegs ein wehrloses Menschlein mit Beißhemmung bin. Ich bin eine alternde, streitbare Frau, die ihre Handtasche mit Schmackes zu schwingen und Unholde abzuwehren weiß. Deshalb betrachten jedoch weder ich selbst noch andere mich als heroisch. Das ist einfach eines dieser lästigen Dinge, die eine tun muss, um weiter wilden Hafer sammeln und Geschichten erzählen zu können.

Entscheidend ist die Geschichte. Die Geschichte, die die Mammutjäger übers Schlagen, Stechen, Vergewaltigen, Töten, sprich: über den Helden erzählten, ist auch jene Geschichte, die meine eigene Menschlichkeit vor mir verschleierte. Die grandiose, giftige Geschichte des Botulismus. Die Killergeschichte.

Manchmal scheint es, als neige sich diese Geschichte ihrem Ende zu. Damit es nicht bald überhaupt keine Geschichten mehr zu erzählen gibt, sind einige von uns hier draußen inmitten des – in diesem Teil der Welt eingeführten – wilden Hafers.[6] der Ansicht, dass wir schleunigst damit anfangen sollten, eine andere Geschichte zu erzählen, eine, die vielleicht dann weitergesponnen werden kann, wenn die alte endgültig ausgedient hat. Vielleicht. Das Problem ist nur, dass wir alle zugelassen haben, selbst zu einem Teil der Killergeschichte zu werden, so dass deren Ende auch uns den Garaus machen könnte. Deshalb suche ich mit einer gewissen Dringlichkeit nach dem Wesen, dem Motiv, den Worten jener anderen Geschichte, der unerzählten, der Lebensgeschichte.

Sie ist ungewohnt und kommt uns nicht so spielend leicht über die Lippen wie die Killergeschichte, doch ›unerzählt‹ war eine Übertreibung. Leute erzählen sich die Lebensgeschichte seit Ewigkeiten in allen möglichen Worten und Weisen. Schöpfungs- und Wandlungsmythen, Trickstergeschichten, Volksmärchen, Witze, Romane ...

Der Roman ist eine im Kern unheroische Form des Erzählens. Freilich hat der Held auch dort oft die Macht an sich gerissen, wie es eben seinem herrschaftlichen Wesen und seinem unkontrollierbaren Trieb entspricht, alles an sich reißen und kontrollieren zu wollen; und hat dabei im Versuch, seinen unkontrollierbaren Zerstörungstrieb zu kontrollieren, strenge Gesetze und Verordnungen erlassen. So hat der Held durch seine Sprachrohre, die Gesetzgeber, verfügen lassen, dass erstens die einzig legitime Erzählform jene des Pfeils oder Speers sei, die ›hier‹ beginnt, schnurstracks nach ›dort‹ führt und – tschack! – genau ins Ziel trifft (das dann tot umfällt); dass zweitens der Konflikt das zentrale Anliegen jeglicher Erzählform, so auch des Romans, sei; und dass drittens eine Geschichte schlecht sei, wenn er darin nicht vorkomme.



In alledem bin ich anderer Ansicht. Ich würde sogar so weit gehen, zu sagen, dass die natürliche, angemessene, stimmige Form des Romans die eines Sacks, einer Tasche sein könnte. Ein Buch fasst Wörter. Wörter fassen Dinge. Sie tragen Bedeutungen. Ein Roman ist ein Medizinbündel, das Dinge in einem ganz bestimmten, wirkmächtigen Verhältnis zueinander und zu uns stehend fasst.

Gewiss, ein zwischen den Elementen des Romans wirkendes Verhältnis kann durchaus auch der Konflikt sein, doch die Verkürzung des Erzählens auf den Konflikt ist absurd. (Mir ist doch tatsächlich eine Anleitung für kreatives Schreiben untergekommen, in der zu lesen stand: ›Eine Geschichte sollte als eine Schlacht betrachtet werden«, gefolgt von Strategien, Attacken, Siegen etc.) Wird das Erzählen hingegen in der Tradition von Tragetasche/Bauch/Schachtel/Haus/Medizinbündel betrachtet, dann können Konflikt, Wettbewerb, Stress, Ringen etc. als notwendige Elemente eines großen Ganzen betrachtet werden, das sich nicht einfach entweder als Konflikt oder als Harmonie beschreiben lässt, da sein Zweck weder Auflösung noch Stagnation, sondern schlicht der Prozess an sich ist.

Nun wird auch endlich deutlich, dass der Held in diesem Beutel kein gutes Bild abgibt. Er braucht eine Bühne oder ein

Podest oder einen Gipfel. Wenn er in einen Beutel gesteckt wird, sieht er aus wie ein Kaninchen oder eine Kartoffel.

Deshalb mag ich Romane: Anstatt von Helden sind sie von Menschen bevölkert.

Als ich damit anfing, Science-Fiction-Romane zu schreiben, schleppte ich also diesen großen schweren Sack mit mir herum, meine Tragetasche, vollgepackt mit Schwächlingen und Tollpatschen, mit winzigen Samen von Dingen kleiner als Senfkörner, mit filigran gewirkten Netzen, die, wenn sie mühevoll entknotet werden, den Blick auf einen blauen Kiesel freigeben, mit einem Chronometer, das mit unbeirrbarem Gleichmut die Zeit einer anderen Welt misst, und mit einem Mäuseschädel; vollgepackt mit Anfängen ohne Enden, mit Initiationen, Verlusten, Wandlungen und Übersetzungen, mit weit mehr Tricks als Konflikten und weit weniger Triumphen als Fallstricken und Täuschungen; vollgepackt mit Raumschiffen, die Pannen haben, Missionen, die scheitern, und Leuten, die nichts begreifen. Eingangs habe ich gesagt, dass es schwierig ist, eine packende Geschichte darüber zu erzählen, wie wilden Haferspelzen Haferkörner abgerungen werden – aber nicht, dass es unmöglich ist. Wer hat behauptet, dass es einfach ist, einen Roman zu schreiben?

Wenn Science Fiction die Mythologie der modernen Technik ist, dann ist ihr Mythos ein tragischer. ›Technik‹ oder die ›moderne Wissenschaft‹ (ich verwende diese Begriffe so, wie sie meist gebraucht werden, als unhinterfragte Kürzel für die ›exakten‹ Wissenschaften sowie für jene Hochtechniken, die auf fortdauerndem Wirtschaftswachstum gründen) ist ein heroisches, ein herkulisches, ein prometheisches Unterfangen, das als Triumph und somit letztlich als Tragödie konzipiert ist. Die Erzählweise, die diesen Mythos verkörpert, kann gar nicht anders, als triumphierend (der Mensch bezwingt die Erde, den Weltraum, die Außerirdischen, den Tod, die Zukunft etc.) und tragisch (Apokalypse und Holocaust einst oder heute) zu sein.



Wenn wir hingegen den linearen, progressiven, einem Zeitpfeil (sprich: Geschoss) gleichenden Modus des Techno-Heroischen verlassen und Technik und Wissenschaft zu etwas umdefinieren, das in erster Linie eine kulturelle Tragetasche und keine Waffe, kein Herrschaftsinstrument ist, dann ist es eine erfreuliche Nebenwirkung, dass Science Fiction auf einmal als ein weit weniger starres, enges Feld erscheint, das gar nicht mehr notwendigerweise prometheisch oder apokalyptisch und viel weniger ein mythologisches als ein realistisches Genre ist.

Es ist ein seltsamer Realismus, aber wir leben auch in einer seltsamen Realität.

Richtig verstanden ist Science Fiction, so wie jede ernstzunehmende erzählende Literatur – ganz gleich, wie seltsam sie daherkommt –, ein Versuch, das zu beschreiben, was tatsächlich vorgeht, was Leute tatsächlich tun und fühlen, wie Menschen sich zu allem anderen in diesem riesigen Sack Befindlichen in Beziehung setzen, zu diesem Bauch des Universums, zu diesem Schoß des Künftigen und diesem Grab des Einstigen, dieser unendlichen Geschichte. In ihr, wie in aller Erzählliteratur, ist Welt genug, um sogar dem Menschen seinen gehörigen Platz zuzuweisen, seinen Platz in der Ordnung der Dinge; in ihr ist Zeit genug, um reichlich wilden Hafer zu sammeln und auszusäen, um der kleinen Oom vorzusingen, sich Ools Witz anzuhören und den Molchen zuzuschauen – und damit ist die Geschichte noch lange nicht zu Ende. Es gibt noch immer Samen zu sammeln, noch immer Platz im Sternenbeutel.

# Die Gebrauchs-anweisung

*Diesen Vortrag schrieb ich, um ihn vor einer Gruppe von an Alphabetisierung und Literatur Interessierten zu halten.*

Ein Lyriker wurde zum Botschafter ernannt. Ein Dramatiker wurde zum Präsidenten gewählt.[7] Bauarbeiter und Konzernleiterinnen stehen gemeinsam Schlange, um sich ein Exemplar eines neuerschienenen Romans zu sichern. Erwachsene suchen moralische Orientierung und intellektuelle Herausforderung in Geschichten über Affenkrieger, Zyklopen und verrückte Ritter, die mit Windmühlen kämpfen. Alphabetisierung ist kein Ziel, sondern erst der Anfang.

... Auf andere Länder mag das vielleicht zutreffen, aber nicht auf dieses. In den USA gilt die Phantasie meist als etwas, das nur dann von gewissem Nutzen ist, wenn der Fernseher einmal ausfällt. Dichtung und Dramen haben keinen Bezug zur praktischen Politik. Romane sind etwas für Studierende, Hausfrauen und andere Leute, die nicht arbeiten. Phantastische Literatur ist etwas für Kinder und Primitivlinge. Wir lernen lesen, um Gebrauchsanweisungen entziffern zu können.

Ich halte die Phantasie für das mit Abstand nützlichste Werkzeug, das der Menschheit zur Verfügung steht. Sie schlägt sogar den opponierbaren Daumen.[8] Ich kann mir ein Leben ohne meine beiden Daumen vorstellen, jedoch keines ohne meine Phantasie.

Ich höre zustimmende Rufe. »Ja, ja!«, bekräftigen sie, »Kreativität und Phantasie schaffen enorme Wettbewerbsvorteile! Wir schätzen und honorieren Kreativität!« Auf dem Markt bedeutet Kreativität inzwischen nicht viel mehr, als Ideen zu haben, die sich auf praktische Profitmaximierungsstrategien anwenden lassen. Diese Verkürzung wurde so lange betrieben, dass das Wort ›Kreativität‹ heute kaum noch weiter degradiert werden kann. Ich verwende es nicht mehr, und überlasse es stattdessen den Kapitalisten und Akademikerinnen, um es nach Belieben zu missbrauchen. Aber ›Phantasie‹ bekommen sie nicht.

Phantasie ist kein Geschäftsmodell. Sie hat keinen Platz im Vokabular des Profitstrebens. Sie ist keine Waffe, obwohl sie es ist, die alle Waffen irgendwann einmal hervorgebracht hat, und von ihr hängt es ab, ob eine Waffe eingesetzt oder niedergelegt wird – dasselbe gilt übrigens für alle Werkzeuge. Die Phantasie ist ein Grundmuster unseres Denkens, ihr ist es wesentlich zu verdanken, dass wir Menschen sind und bleiben. Sie ist ein Werkzeug des Geists.

Deshalb müssen wir lernen, sie zu gebrauchen. Die Phantasie ist Kindern ebenso angeboren wie ihre Körper und wie ihre denkerischen und sprachlichen Fähigkeiten: es sind Grundlagen ihres Menschseins, und sie müssen lernen, diese auf gute Weise einzusetzen. Solche Unterweisung, Übung und Praxis sollte im Kleinkindalter beginnen und ein Leben lang andauern. Junge Menschen müssen ihre Phantasie ebenso trainieren wie ihre sonstigen körperlichen und geistigen Lebensgrundlagen: um zu wachsen, um gesund, fähig und freudvoll zu bleiben. Dieses Bedürfnis hält an, solange der Geist lebendig ist.

Wenn Kindern vermittelt wird, den Literaturschatz ihrer Leute, ihrer Gemeinschaft im umfassenden Sinn zu hören und zu verinnerlichen oder, in Schriftkulturen, zu lesen und zu verstehen, dann bekommt ihre Phantasie bereits einen Großteil der Übung, die sie braucht.

Das lässt sich durch nichts ersetzen, auch nicht durch die anderen Künste. Wir sind eine Spezies des Worts. Worte sind die Flügel, mit denen sich Intellekt wie auch Phantasie in die Lüfte aufschwingen. Musik, Tanz, bildende Künste, Handwerke sind alle wesentlich für die Entwicklung und das Wohlergehen von Menschen, und keine dieser Künste und Fähigkeiten lernen wir je vergebens; und doch gibt es nichts, das den Geist so gut lehren könnte, sich von der unmittelbaren Realität abzulösen und mit neuen Einsichten und Kräften dorthin zurückzukehren, wie die Dicht- und Erzählkunst.

Durch ihre Geschichten definiert sich jede Kultur selbst und lehrt ihre Kinder, wie es geht, ein Mensch und ein Mitglied der jeweiligen Gesellschaft zu sein – ob Hmong, !Kung, Hopi, Quechua, französisch, kalifornisch ... Wir sind die, die in der Vierten Welt angelangt sind ... Wir sind Jeanne d'Arcs Nation ... Wir sind die Söhne der Sonne ... Wir sind aus dem Meer gekommen ... Wir sind die, die am Mittelpunkt der Welt leben.

Eine Menschengemeinschaft, die nicht an einem – durch ihre Poetinnen und Geschichtenerzähler definierten und besungenen – Mittelpunkt der Welt lebt, ist schlecht dran. Der Mittelpunkt der Welt ist dort, wo du lebst. Du kannst die Luft dort atmen. Du weißt, wie die Dinge dort getan werden, wie sie richtig getan werden, wie sie gut getan werden.

Ein Kind, das nicht weiß, wo die Mitte ist – wo Heimat, was Heimat ist –, ist sehr schlecht dran.

Heimat, das bedeutet nicht Mama, Papa, Geschwisterchen. Heimat ist nicht dort, wo sie dich immer einlassen müssen.[9] Sie ist überhaupt kein Ort. Heimat ist ein Produkt der Phantasie.

Erst durch Phantasie kommt Heimat ins Sein. Sie ist wirklich, wirklicher als jeder andere Ort, kann aber nicht gefunden werden, wenn einem die eigenen Leute nicht zeigen, wie es geht, sich diese vorzustellen – wer immer die eigenen Leute auch sein mögen. Möglich, dass sie keine Blutsverwandten sind. Möglich, dass sie nie dieselbe Sprache gesprochen haben. Möglich, dass sie seit tausend Jahren tot sind. Möglich, dass sie nichts weiter als auf Papier gedruckte Worte sind, nichts als Stimmgeister, nichts als Bewusstseinsschatten. Aber sie können uns den Weg nach Hause weisen. Sie sind unsere Menschengemeinschaft.

Wir alle müssen lernen, unser Leben selbst zu erfinden, zu erdenken, zu imaginieren. Diese Fähigkeiten müssen wir beigebracht bekommen; wir brauchen Vorbilder, die uns zeigen, wie. Andernfalls wird unser Leben von anderen Menschen für uns erfunden werden.

Menschen haben sich schon immer in Gruppen zusammengetan, um sich gemeinsam vorzustellen, wie sie am besten leben und einander dabei bestmöglich unterstützen können. Die wichtigste Funktion menschlicher Gemeinschaft ist es, eine Art von Übereinkunft darüber zu erlangen, was wir brauchen, wie das Leben sein sollte, was unsere Kinder unserer Meinung nach lernen sollen, und sodann bei diesem Lernen und Lehren zusammenzuwirken, so dass wir und unsere Kinder dem Weg, den wir für den richtigen halten, weiter folgen können.

Kleine Gemeinschaften mit starken Traditionen haben meist große Klarheit darüber, welchen Weg es einzuschlagen gilt, und können diesen ihren Kindern gut vermitteln. Tradition kann sich jedoch verhärten und sogar zum Dogma erstarren, das neue Ideen verbietet. Größere Gemeinschaften, etwa Städte, eröffnen Möglichkeitsräume, in denen Menschen sich Alternativen ausdenken, von anderen Traditionen lernen und ihre je eigene Lebensweise erfinden.

Angesichts einer wachsenden Zahl an Alternativen finden Menschen, die sich der Verantwortung, zu lehren, stellen, jedoch nur wenig gesellschaftlichen und moralischen Konsens darüber, was sie denn nun lehren sollen – was wir wirklich brauchen und wie das Leben eigentlich sein sollte. In unserer Zeit, in der große Bevölkerungsgruppen unablässig digital reproduzierten Stimmen, Bildern und Worten ausgesetzt sind, die eingesetzt werden, um kommerziellen und politischen Profit zu schlagen, gibt es einfach zu viele Leute, die uns durch verführerische und wirkmächtige Medien erfinden, besitzen und kontrollieren wollen und können. Dass ein Kind es allein schaffen solle, sich durch all dies zurechtzufinden, ist sehr viel verlangt.

Genau genommen, können wir allein kaum je irgendetwas schaffen.

Was ein Kind braucht, was wir alle brauchen, ist dies: andere Leute zu finden, die sich das Leben auf eine Weise vorgestellt haben, die Sinn stiftet und einen gewissen Freiraum lässt, und diesen Menschen dann zu lauschen. Nicht passiv zuzuhören, sondern zu lauschen.

Lauschen ist ein gemeinschaffender Akt, für den Raum, Zeit und Stille vonnöten sind. Lesen ist eine Art des Lauschens.

Lesen ist weniger passiv, als sich hörend oder sehend berieseln zu lassen. Es ist ein Akt: eine aktive Handlung. Lesen findet in der je eigenen Geschwindigkeit, dem je eigenen Tempo statt – ganz anders als der nie enden wollende, unzusammenhängende, plappernde, marktschreierische Hochgeschwindigkeitsrausch der digitalen Medien. Beim Lesen nehmen wir das auf, was wir aufnehmen können und möchten, nicht das, was mit überwältigender Geschwindigkeit, Unnachgiebigkeit und Lautstärke in uns hineingeschaufelt wird. Beim Lesen einer Geschichte wird mir vielleicht etwas erzählt, aber mir wird nichts angedreht. Und obwohl Lesen meist allein stattfindet, gehe ich dabei eine Gemeinschaft mit einem anderen Geist ein. Es findet keine Gehirnwäsche oder Vereinnahmung oder Instrumentalisierung statt; stattdessen beteilige ich mich an einem Akt der Phantasie.

Mir fällt überhaupt kein Grund ein, warum die digitalen Medien nicht eine ähnliche Gemeinschaft der Phantasie schaffen, wie es das Theater in früheren Gesellschaften oft getan hat, aber sie tun es nicht. Sie werden derart durch Werbung und Profitstreben kontrolliert, dass die besten Köpfe, die dort arbeiten, die wirklichen Künstler, durch eine nie endende Sucht nach Neuem und durch unternehmerische Gier überdröhnt werden, sofern sie dem Druck des Ausverkaufs standhalten.

Der Großteil der Literatur bleibt schlicht deshalb von solcher Vereinnahmung unberührt, weil viele Bücher von Menschen, die inzwischen tot und deshalb per Definition nicht gierig sind, geschrieben wurden.

Und viele lebende Lyrikerinnen und Romanciers werden nach wie vor weniger durch den Wunsch nach Gewinn angetrieben (auch wenn ihre Verleger sich alle zehn Finger nach Bestsellern lecken) als durch den Wunsch, das zu tun, was sie wohl auch unbezahlt tun würden, wenn sie sich das leisten könnten, nämlich ihrer Kunst nachzugehen – etwas gut zu machen, etwas richtig zu machen. Bücher waren und sind vergleichsweise erstaunlich ehrlich und zuverlässig.

Gut möglich, dass es sich heute nicht mehr um ›Bücher‹, nicht mehr um Tinte auf Holzstoff handelt, sondern um flackernde elektronische Geräte, die auf der Handfläche aufliegen. Wie zerhackstückelt, kommerzialisiert und wurmzerfressen durch Pornografie, Hype und Geschwafel E-Books auch sein mögen – sie eröffnen jenen, die lesen, eine kraftvolle neue Möglichkeit, aktiv Gemeinschaft einzugehen. Es kommt nicht auf die Technik an. Worauf es ankommt, sind Worte. Das Teilen von Worten. Die Aktivierung der Phantasie durch das Lesen von Worten.

Die Fähigkeit, zu lesen, ist deshalb so wichtig, weil die Literatur die Gebrauchsanweisung ist. Das beste Handbuch, das wir haben. Die hilfreichste Anleitung für das Land, das wir besuchen: das Leben.

# Ein nicht-euklidischer Blick auf Kalifornien als kalten Ort in spe

Der Literaturwissenschaftler Robert C. Elliott starb 1981 auf der Höhe seiner Kunst, kurz nach Fertigstellung seines Buchs »The Literary Persona«. Er war der denkbar wahrhaftigste Lehrer und liebenswürdigste Freund. Dieser Text wurde als Auftakt zu einer Reihe von Vorträgen in seinem Gedenken an seiner Universität, der University of California in San Diego, geschrieben.

Im Englischen verwenden wir das französische Lehnwort *lecture,* ›Lesung‹ oder ›Vorlesung‹, um lautes Lesen und Sprechen, also einen Vortrag, zu beschreiben; die Franzosen bezeichnen ihrerseits eine solche Darbietung nicht als *lecture,* sondern als *conférence.* Diese Unterscheidung ist interessant. Lesen ist eine stille Zusammenarbeit von Lesenden und Autorin; Vorlesen eine laute Zusammenarbeit von Vortragender und Publikum. Die eigenartige, flickwerkhafte Form dieses Texts ist mein Versuch, ihn zu einer *conférence,* zu einem aufführbaren Werk, einem Stück für Stimmen zu machen. Zeit und Ort, ein warmer

Aprilabend in San Diego-La Jolla im Jahr 1982, sind längst vergangen, und das herzliche, laute Publikum muss durch die geneigte Leserin ersetzt werden; doch die erste Wortmeldung gebührt nach wie vor Bob Elliott.

In seinem Buch »The Shape of Utopia« schrieb er über unser modernes Misstrauen gegenüber der Utopie:

> Wenn dieses Wort rehabilitiert werden kann, dann nur durch jemanden, der der Utopie in jenen Abgrund, der hinter der Vision des Großinquisitors klafft, gefolgt und auf der anderen Seite wieder herausgeklettert ist.[10]

Dieses verstörende Bild ist mein Ausgangspunkt; und mein Motto lautet:

*Usà puyew usu wapiw!*

Keine Sorge, zu beidem werden wir noch zurückkehren; dieser ganze Text handelt von Wende und Rückkehr.

Im ersten Kapitel von The Shape of Utopia erläutert Bob, dass bei den großen »Verkehrungs-« oder »Umkehrritualen« wie den Saturnalien, Karneval oder Weihnachten während eines eigens dafür freigehaltenen Zeitraums, einer außeralltäglichen Zeit, das Zeitalter des Friedens und der Gleichheit, das Goldene Zeitalter, gelebt werden könne. Vollendete *communitas* in die Struktur der gewöhnlichen Gesellschaft zu bringen sei hingegen eine Aufgabe, der nur Zeus gewachsen wäre; oder es werde, »falls man nicht ans Wohlwollen, geschweige denn die Existenz des Zeus glaubt«, eine Aufgabe für den menschlichen Geist:

> Die Utopie ist menschliche Vernunft, menschlicher Wille, angewandt auf den Mythos [des Goldenen Zeitalters], also die Anstrengung des Menschen, kraft seiner Vorstellung herauszufinden, was geschieht – oder geschehen könnte –, wenn die im Mythos verkörperten archaischen Sehnsüchte mit dem Prinzip der Realität konfrontiert werden. Bei diesem Unterfangen träumt der Mensch nicht

mehr nur von einem himmlischen Zustand aus lang vergangenen Zeiten: Er schlüpft in die Rolle des Schöpfers.[11]

Weit entfernt ist das Goldene Zeitalter – oder die Traumzeit – jedoch nur für den rationalen Verstand. Der euklidischen Vernunft ist es unzugänglich; doch wie alle Mythen und mystischen Strömungen belegen und wie jede Erfahrungsreligion versichert, ist es zumindest für jene, die über die Gabe oder die Disziplin, sie wahrzunehmen, verfügen: hier und jetzt. Die Essenz der rationalen Jupiter-Utopie ist hingegen, dass sie gerade *nicht* hier und *nicht* jetzt ist. Sie ist eine fortstrebende Reaktion der Willenskraft und der Vernunft auf das Hier und Jetzt, und sie ist, wie bereits Thomas Morus' Benennung ausdrückt: nirgendwo.[12] Sie ist reine Struktur, ohne Inhalt; reines Modell; Ziel. Das ist ihre Stärke. Die Utopie ist unbewohnbar. Sobald wir sie erreichen, ist sie keine Utopie mehr. Als Beleg für diesen traurigen, wenn auch unvermeidlichen Umstand möchte ich darauf hinweisen, dass wir, die hier und jetzt in diesem Raum Anwesenden, eine Utopie bewohnen.

Wie mir als Kind erzählt wurde und wie ich noch heute gern glaube, wird Kalifornien nicht nur deshalb ›der goldene Bundesstaat‹ genannt, weil hier einmal der Goldrausch grassierte, sondern auch wegen der goldgelben Blüte des Kalifornischen Goldmohns und des im Sommer goldschimmernden wilden Hafers. Auf die Spanier und Mexikaner mag es wie unkultiviertes Hinterland gewirkt haben; auf die Angelsachsen aber wie ein echtes Utopia: das Goldende Zeitalter, zugänglich gemacht durch Willenskraft, das durch Vernunft zu bändigende wilde Paradies; der Ort, an dem man sich, losgelöst von alten Fesseln und Plagen, frei bewegen kann, für den man Haus und Hof aufgibt, um rheumatische Beschwerden und jegliche Hemmnisse ein für alle Mal hinter sich zu lassen und einen neuen ›Lebensstil‹ in einem Nicht-Hier-und-Nicht-Jetzt zu verwirklichen, wo alle im Filmgeschäft schnell reich werden oder den Sinn des Lebens finden oder zumindest beim Drachenfliegen einen tollen Teint bekommen. Und der wilde Hafer wie der Mohn, die sich durch die Risse jener Asphaltdecke bohren, mit der wir die Utopie versiegelt haben, glänzen immer noch in reinstem Gold.

Indem wir in die »Rolle des Schöpfers« schlüpfen, streben wir nach dem, was Laozi den »Nutzen dessen, was nicht ist« nennt, anstatt an dem, was ist, teilzuhaben. Die Welt neu zu erschaffen oder umzubauen oder zu rationalisieren, birgt die Gefahr, das zu zerstören, was tatsächlich ist.

Schließlich war Kalifornien bei der Ankunft der angelsächsischen Kolonisatoren nicht leer. Dem Eifer der Missionare zum Trotz war es noch immer die am dichtesten besiedelte Region Nordamerikas.

Was den Weißen als zu ›zähmende‹ Wildnis erschien, war den dort lebenden Menschen weit bekannter gewesen, als es allen anderen, die nach ihnen kamen, je sein sollte: bekannt und benannt. Jeder Hügel, jedes Tal, jeder Wasserlauf, jeder Canyon, jede Schlucht, jeder Tobel, jede Rinne, jede Landzunge, jede Klippe, jedes Steilufer, jedes Gestade, jeder Mäander, jeder Felsblock von gewisser Größe und jeder markante Baum hatte einen Namen, einen Platz in der Ordnung der Dinge. Dieser gefühlten Ordnung begegneten die Eindringlinge mit blankem Unwissen. Jeder dieser Namen benannte nicht ein Ziel, nicht einen Platz, den man ansteuern kann, sondern einen Ort, an dem man ist: einen Weltmittelpunkt. Ganz Kalifornien war voll von Weltmittelpunkten. Einer davon ist ein Steilufer der Klamath. Sein Name war ›Katimin‹. Das Steilufer ist noch da, aber es hat keinen Namen mehr und ist nicht mehr der Mittelpunkt der Welt. Die sechs Himmelsrichtungen können sich nur in gelebter Zeit an jenem Ort, den die Menschen ›zu Hause‹ nennen, treffen – in der siebten Richtung, der Mitte.

Wir aber verlassen unser Zuhause, rufen »Avanti!« und »Auf nach Westen!«, angetrieben von unserem gottgleichen Verstand, der sich an der begrenzten, eigensinnigen, unvernünftigen Gegenwart abarbeitet und sich danach sehnt, die Fesseln der Vergangenheit abzuschütteln.

»Die Menschen schreien, dass sie eine bessere Zukunft erbauen wollen«, schreibt Milan Kundera in »Das Buch vom Lachen und Vergessen«:

> [Aber] das ist nicht wahr. Die Zukunft ist eine gleichgültige Leere, die niemanden interessiert, während die Vergangenheit von Leben erfüllt ist und uns mit ihrem Gesicht reizt, erzürnt und beleidigt, so dass wir sie zerstören oder übermalen möchten. Die Menschen wollen die Herren der Zukunft sein, um die Vergangenheit verändern zu können.[13]

Und in einem Interview über das Vergessen sagte Kundera:

> Es ist das große Problem jedes einzelnen: der Tod als Verlust des eigenen Ichs. Doch was ist dieses Ich? Es ist die Summe all dessen, an was wir uns erinnern. Am Tod erschreckt uns also nicht der Verlust der Zukunft, sondern der Verlust der Vergangenheit.[14]

Deshalb, fährt Kundera fort, wendet eine Großmacht, die ein kleines Land um ihr nationales Selbstbewusstsein bringen will, »die Methode des organisierten Vergessens« an.

Und wenn eine zukunftsorientierte Kultur eine gegenwartszentrierte unterwirft, dann ist diese Methode geradezu zwingend. Dinge werden im großen Stil vergessen. Was bedeuten die Namen ›Costanoan‹ und ›Wappo‹? So nannten die Spanier die Menschen, die in der San Francisco Bay und im Napa Valley lebten, doch wie jene Menschen sich selbst nannten, wissen wir nicht: Die Namen waren noch vor ihrer Ausrottung in Vergessenheit geraten. Es gab keine Vergangenheit mehr. Tabula rasa.



Eine unserer besten Methoden organisierten Vergessens heißt ›Entdeckung‹. Julius Cäsar verdeutlichte dies mit der ihm eigenen Eleganz in seinem »Gallischen Krieg«: »Es war ungewiss, ob Britannien existiert, bis ich meinen Fuß darauf setzte.«[15]

Für wen war das ungewiss? Was die Barbaren wissen, zählt nicht. Erst nachdem der gottgleiche Cäsar sie in Augenschein genommen hatte, traten die britischen Inseln in Erscheinung.

Erst nachdem die Europäer ihn entdeckt oder erfunden hatten, begann der amerikanische Kontinent zu existieren. In seinem Wahn war Kolumbus immerhin so geistreich, Venezuela mit dem ›Saum des Paradieses‹ zu verwechseln. Allerdings erwähnte er die Verfügbarkeit billiger Sklaven im Paradies.

Im ersten Kapitel von »California. An Interpretive History« von Professor Walter Bean findet sich folgender Absatz:

> Das Überleben einer Steinzeitkultur in Kalifornien war nicht etwa das Ergebnis vererbter biologischer Potenzialbeschränkungen seitens der Indianer als ›Rasse‹.[16] Vielmehr waren sie geografisch wie kulturell isoliert gewesen. Der weite Ozean, die langgestreckten Gebirgszüge und die ausgedehnten Wüsten hatten Kalifornien vor Beeinflussung wie auch vor Eroberung von außen geschützt, ...

(dass Abgeschnittensein von der Außenwelt und Schutz vor Eroberung Grundmerkmale der Utopie sind, sollte inzwischen deutlich sein),

> ... und selbst innerhalb Kaliforniens hatten sich die verschiedenen indianischen Gruppen so angesiedelt, dass sie nur wenig Kontakt untereinander hatten. Diesen Kulturen kann einiges zugute gehalten werden. [...] Die kalifornischen Indianer hatten sich erfolgreich an ihre Umwelt angepasst und hatten gelernt, miteinander zu leben, ohne einander zu vernichten.[17]

Aus einer Fülle vergleichbarer Werke ragt Professor Beans ausgezeichnetes Buch in jenem Themenbereich hervor, der mich hier besonders interessiert: das erste Kapitel. Kapitel eins der amerikanischen Geschichte – ganz gleich, ob Süd- oder Nordamerika, ob Landes- oder Regionalgeschichte – ist für gewöhnlich kurz. Ungewöhnlich kurz. Darin werden die ›Stämme‹, die das Land ›innehatten‹, genannt und vielleicht noch anekdotisch beschrieben. In Kapitel zwei ›entdeckt‹ dann ein Europäer die Gegend, und erleichtert stürzt sich der Historiker in die Schilderung der Eroberung, oft als ›Besiedelung‹ oder ›Urbarmachung‹ beschönigt, sowie der Taten der Eroberer. Da die Geschichte in den Geschichtswissenschaften in der Regel mit der Geschichtsschreibung gleichgesetzt wird, ist dieses Ungleichgewicht unausweichlich. In einem umfassenderen Sinn ist das sogar legitim; denn die nicht in städtischen Zivilisationen lebenden Völker des amerikanischen Kontinents hatten – strenggenommen – keine Geschichte und sind deshalb nur für Anthropologen sichtbar, nicht jedoch für Historiker, ausgenommen jene Fälle, in denen sie in die Geschichte der Weißen eingingen.

Dieses Ungleichgewicht ist nicht nur unausweichlich und legitim, sondern, wie ich glaube, auch hochgefährlich. Es drückt auf allzu bequeme Weise den Wunsch der Eroberer danach aus, die Werte der Kulturen, die sie zerstört haben, zu verleugnen, und die Menschen, die sie umgebracht haben, zu entmenschlichen. Es bedient sich allzu sehr der Methode des organisierten Vergessens. Dies dann ›die Neue Welt‹ zu nennen, ist eine Kopfgeburt cäsarischen Ausmaßes!

Die Begriffe ›Holocaust‹ und ›Genozid‹ sind zwar in inflationärem Gebrauch, werden jedoch nur selten auf die amerikanische Geschichte angewandt. Als ich in Berkeley zur Schule ging, wurde uns nicht erzählt, dass das erste Kapitel der kalifornischen Geschichte von der Endlösung handelt. Stattdessen wurde uns erzählt, dass ›die Indianer‹ letzten Endes dem ›Marsch des Fortschritts wichen‹.

In der Einführung seines Buch »The Wishing Bone Cycle« schreibt der Schriftsteller Howard A. Norman:

> Bei den Mushkegowuk (Swampy Cree) hörte ich eine Redewendung, die aus der Perspektive eines Stachelschweins, das sich in eine Felsspalte zurückzieht, formuliert war:
>
> *Usà puyew usu wapiw.*
>
> ›Es geht rückwärts und schaut nach vorn.‹ Das Stachelschwein bewegt sich bewusst rückwärts, um im Schutz des Felsens Spekulationen über die Zukunft anstellen und dabei seinen Feind oder den Tagesanbruch im Blick behalten zu können. Für die Cree-Indianer ist dies ein Lehrstück in Selbsterhaltung.[18]

In der einleitenden Floskel einer Cree-Geschichte »folgt auf eine Einladung an die Zuhörenden der Satz: ›So wie das Stachelschwein gehe ich rückwärts und schaue nach vorn‹«.[19]

Um im geschützten Raum Spekulationen über eine bewohnbare Zukunft anstellen zu können, würden wir vielleicht gut daran tun, eine Felsspalte zu finden, der wir uns im Rückwärtsgang nähern. Um unsere Wurzeln zu finden, sollten wir vielleicht dort suchen, wo Wurzeln für gewöhnlich zu finden sind. Immerhin ist der Geist des Orts ungleich wohlwollender als der ausgrenzende, aggressive Geist der ›Rasse‹ – jener konstruierte Mystizismus des Bluts, der schon so viel Blutvergießen gefordert hat. Bei all unserer Selbstbezogenheit haben wir kaum noch einen Sinn dafür, wo wir leben, wo wir uns hier und jetzt befinden. Wenn wir einen solchen Ortssinn hätten, dann würden wir nicht immerzu alles derart vermasseln. Dann würden wir ihn in unserer Literatur zelebrieren. Dann wären unsere Religionen vielleicht Erfahrungsreligionen. Und dann – wenn wir also wirklich hier und jetzt in dieser Gegenwart lebten – hätten wir vielleicht ein Gespür für unsere Zukunft als Menschengemeinschaft. Dann wüssten wir vielleicht, wo der Mittelpunkt der Welt ist.

> [I]n ihrem ambitioniertesten und reinsten Zustand strebt die Utopie jene idealtypische (wenn auch bislang unerreichte) Idylle an, die Schiller beschrieb – jene poetische Seinsweise, die den Menschen nicht zurück nach Arkadien, sondern vorwärts ins Elysium führt, in eine Gesellschaft, in der der Mensch in Frieden mit sich und seiner Umwelt lebt.[20]

> Die kalifornischen Indianer hatten sich erfolgreich an ihre Umwelt angepasst und hatten gelernt, miteinander zu leben, ohne einander zu vernichten.[21]

Freilich war dies Arkadien; nicht das Elysium. Ich nehme Victor Turners Warnung ernst, dass archaische oder primitive Gesellschaften nicht mit ›Communitas‹, dem Prinzip wahrer Gemeinschaft, verwechselt werden sollten, denn Letzteres ist »eine Dimension aller Gesellschaften, vergangener wie gegenwärtiger«.[22] Ich schlage also kein Zurück in die Steinzeit vor. Mein Anliegen ist weder reaktionär noch konservativ, sondern schlicht subversiv. Es scheint, als sei die utopische Phantasie ebenso wie der Kapitalismus, die Industriemoderne und die Weltbevölkerung in einer Einbahnzukunft gefangen, in der es nichts als Wachstum gibt. Alles, was ich hier herauszufinden versuche, ist, wie ich eine Kuh auf die Gleise schieben kann.

Rückwärtsgehen. Wenden und zurückkehren.

> Wenn dieses Wort [Utopie] rehabilitiert werden kann, dann nur durch jemanden, der der Utopie in jenen Abgrund, der hinter der Vision des Großinquisitors klafft, gefolgt [...] ist.[23]

Die Utopie des Großinquisitors ist

> das Produkt des ›euklidischen Geists‹ (ein Begriff, den Dostojewski oft verwendete), der von dem Gedanken besessen ist, alles Leben durch die Vernunft zu regeln und den Menschen Glück um jeden Preis zu bescheren.[24]

Die eingleisige Vision des Großinquisitors stellt das menschliche Los ähnlich dar, wie es Jewgenij Samjatin in seinem Roman »Wir« mit erschreckender Klarheit beschrieb:

> Die zwei im Paradies wurden vor die Wahl gestellt: entweder Glück ohne Freiheit – oder Freiheit ohne Glück; eine dritte Möglichkeit gab es nicht.[25]

Gab es nicht ... Wirklich nicht? Urizen[26] meldet sich zu Wort:

*Abgeschieden in meinen der Zukunft*
*Aufgesparten gestrengen Ratschlüssen*
*Suchte ich eine Lust ohne Schmerzen*
*Einen Block ohne jede Regung.*
*[...]*
*Sieh! Ich öffne mein Dunkel und lege*
*Auf den Fels hier gewaltig das Buch*
*Ewigen Erzes, meiner Einsamkeit Frucht:*

*Gesetze des Friedens, der Liebe, der Einheit,*
*Des Mitleids, Erbarmens, Vergebens.*
*Jeder wähle sich Einen Wohnort,*
*Seinen alten unendlichen Sitz,*
*Ein Gebot, Eine Freude, Ein Begehren,*
*Einen Fluch, Ein Gewicht, Ein Maß,*
*Einen König, Einen Gott, Ein Gesetz.*[27]

Um an die Utopie zu glauben, müssen wir Bob Elliott zufolge glauben,

> [d]ass der Mensch kraft der Vernunft seine soziale Umwelt kontrollieren und grundlegend verbessern kann. [...] Man muss einem Glauben anhängen, den unsere Geschichte nahezu unmöglich gemacht hat.[28]

»Wenn wir vom Weg abkommen«, stellte Laozi ein paar Jahrtausende zuvor in einer nicht unähnlichen historischen Situation fest,

*finden wir Güte;*
*verlieren wir Güte, finden wir Rechtschaffenheit;*
*verlieren wir Rechtschaffenheit, bleibt uns Hörigkeit.*

*Gesetzeshörigkeit ist die trockene Hülle*
*von Treue und Zutrauen.*
*Meinung ist die ausgedörrte Blume des großen Wegs,*
*der Anfang von Unwissenheit.*[29]

»Gefängnisse«, schrieb William Blake, »baut man mit Steinen des Gesetzes«.[30] Wenn wir uns nun wieder dem Großinquisitor zuwenden, stoßen wir auf Milan Kundera, der das Dilemma zwischen Glück und Freiheit so beschreibt:

> Totalitarismus ist nicht bloß die Hölle, sondern auch der Traum vom Paradies – der uralte Traum von einer Welt, in der alle in Harmonie miteinander leben, geeint von einem einzigen, gemeinsamen Willen und Glauben und ohne irgendwelche Geheimnisse voreinander. [...] Würde der Totalitarismus sich nicht jene Archetypen zunutze machen, die tief in uns allen ruhen und in allen Religionen wurzeln, könnte er gerade in seiner Anfangsphase niemals derart viele Menschen faszinieren. Wird der Traum vom

Paradies aber Wirklichkeit, trifft er hier und da auf Menschen, die ihm im Wege stehen, weshalb die Herrscher des Paradieses einen kleinen Gulag neben dem Garten Eden errichten müssen. Im Laufe der Zeit wird dieser Gulag immer größer und vollkommener, während das angrenzende Paradies immer kleiner und ärmlicher wird.[31]

Je reiner, je euklidischer die Vernunft ist, die die Utopie erbaut, desto größer ist ihr selbstzerstörerisches Potenzial. Unseren mangelnden Glauben an die Güte rationaler Vernunft als Kontrollinstanz halte ich für wohlbegründet. Wir müssen unsere Rationalität prüfen und auf sie vertrauen; wenn wir jedoch anfangen, an Rationalität zu *glauben*, erheben wir sie in den Stand einer Gottheit. Dann übernimmt Zeus, der Schöpfer, das Regiment. Aufsässige Titanen werden in Salzstollen, der unbequeme Prometheus in ein Reservat verbannt. Die Erde selbst verkommt irgendwann zu einem Wurmfortsatz an der Einfriedung des Gartens Eden.

Die rationalistische Utopie ist ein Machtrausch – eine Monotheokratie, ausgerufen durch oberstes Dekret und aufrechterhalten durch Willenskraft; da sie auf ständigem Fortschritt, nicht auf organischen Prozessen basiert, kennt sie keine bewohnbare Gegenwart und spricht nur in der Zukunftsform. Letztlich muss die Vernunft selbst sich gegen die Utopie wenden.

*O hätt ich nie den Wein finsterer Sterblichkeit getrunken, nie*
*Ihr Brot gegessen, nie den Blick geworfen in die Zukunft, nie*
*Mich abkehrend die Gegenwart bewölkt mit finstern Wolken*
*Und Bögen hochgespannt gebaut und Städte, Türme, Kuppeln,*
*Deren Qualm die schönen Gärten zerstörte und deren Gossen*
*Die klaren Flüsse verdreckten [...]*

*Hinfort, o finstrer Zukunftswahn, ich werde dich verstoßen aus*
*Den Himmeln meines Hirns und nicht mehr auf die Zukunft schauen.*
*Ich verstoße die Zukunft und kehre mich ab von jener Leere,*
*Die ich erschaffen habe, denn sieh! die Zukunft ist in diesem Nu [...].*

*So sprach Urizen [...].*

*Dann fuhr er herrlich leuchtend und frohlockend*
*Mit Sang und Schall auf in die Himmel in nackter Majestät*
*In strahlender Jugend [...].*[32]

Das ist zweifellos der Höhepunkt meines Vortrags. Ich wünschte, wir könnten es Urizen mit seinem herrlichen himmelwärts strebenden Gefängnisausbruch gleichtun, aber dieser Weg ist nur den größten Dichterinnen und Komponisten vorbehalten. Wir übrigen müssen hier auf dem Boden der Tatsachen verharren, uns im Kreis drehen, gewundene Seitenwege beschreiten und dreiste Fragen stellen. Gerade lautet meine Frage: Wo ist eigentlich der Ort, den Coyote[33] gemacht hat?

In einem Aufsatz über das didaktische Potenzial der Utopie schreibt Professor Kenneth Roemer:

> Die Bedeutung dieser Frage wurde mir vor ein paar Jahren in einem Schreibseminar für Erstsemester an der University of Texas in Arlington vor Augen geführt. Ich stellte den Studienanfängern folgende Aufgabe: Stellen Sie sich vor, Sie hätten unbegrenzte Finanzmittel und die volle Unterstützung der kommunalen, lokalen und nationalen Regierung. Wie würden Sie Arlington, Texas, in ein Utopia verwandeln? Wenige Minuten, nachdem die Studierenden zu schreiben begonnen hatten, kam eine Studentin – eine intelligente

Frau in ihren Dreißigern – nach vorne an meinen Tisch. Sie wirkte verlegen, geradezu irritiert. »Und was, wenn ich glaube«, fragte sie, »dass Arlington, Texas bereits ein Utopia ist?«[34]

Was bloß fängt man mit *ihr* in »Walden Two«[35] an?

Die Utopie ist seit jeher euklidisch, europäisch und maskulin. Was ich hier auf eine ausweichende, argwöhnische, nicht besonders vertrauenerweckende und nebulöse Weise zu zeigen versuche, ist, dass sich unsere Augen, wenn wir nur endlich den Glauben an diese grell beleuchtete Sandburg verlieren, möglicherweise an ein sanfteres Licht gewöhnen und in diesem eine andere Art von Utopie wahrnehmen könnten. Da dies keine euklidische, europäische und maskulinistische Utopie wäre, sind die Begriffe und Bilder, mit denen ich über sie spreche, notwendigerweise tastend und wirken eigentümlich. Beim Nachsinnen über diese andere Utopie fand ich Victor Turners Unterscheidung zwischen ›Struktur‹ und ›Communitas‹ hilfreich: In seiner Begrifflichkeit ist gesellschaftliche Struktur kognitiv, während Communitas existenziell ist; Struktur erzeugt ein Modell, Communitas ein Potenzial; Struktur erzeugt Ordnung, Communitas Neuordnung; Struktur drückt sich in juristischen und politischen Institutionen aus, Communitas in Kunst und Religion.

> Communitas dringt in der Liminalität durch die Lücken der Struktur, in der Marginalität an den Rändern der Struktur und in der Inferiorität von unterhalb der Struktur ein. Sie gilt beinahe überall auf der Welt als sakral oder ›heilig‹, vielleicht weil sie die Normen, die strukturierte und institutionalisierte Beziehungen leiten, überschreitet oder aufhebt und von der Erfahrung beispielloser Kraft begleitet ist.[36]

Im utopischen Denken wird oft versucht, die Erfahrung der Communitas durch Institutionen oder Gesetze festzuschreiben, und dabei prallt sie jedes Mal gegen den Großinquisitor.

> Während die Aktivitäten einer Maschine von ihrer Struktur bestimmt werden, ist es im Organismus gerade umgekehrt – die organische Struktur wird durch dynamische Vorgänge bestimmt.[37]



Fritjof Capra hat sich mit einer weiteren hilfreichen Analogie zu Wort gemeldet. Wenn der Versuch, eine Struktur zur Gewährleistung von Communitas zu schaffen, ein unlösbares Dilemma zur Folge hat, wäre es dann nicht angebracht, das Maschinenmodell über Bord zu werfen und stattdessen auf organische Ansätze zu setzen, bei denen Strukturen sich aus Prozessen herausbilden? Das hieße jedoch, noch weiter zu gehen als der Anarchismus und zu riskieren, nicht nur rückwärtsgewandt, politisch naiv, technikfeindlich und anti-rationalistisch gescholten zu werden, sondern tatsächlich all das zu sein. Dies sind echte Gefahren (obwohl ich zugebe, dass ich das Risiko, als eine bezeichnet zu werden, die gegen den Strom des westlichen Mainstreamdenkens anschwimmt, nur zu gern auf mich nehme). Welche Art von Utopie kann aus diesen Randbemerkungen, Verneinungen und Andeutungen entstehen?[38] Wer würde sie überhaupt als Utopie erkennen? Sie wird wahrscheinlich nicht so aussehen, wie sie aussehen soll. Gut möglich, dass sie an einen Ort erinnert, den Coyote nach einer Unterredung mit ihrem eigenen Dung erschaffen hat.

> Das Symbol, das der Trickster verkörpert, ist kein statisches.

Eine Wortmeldung von Paul Radin. Wie Sie sich erinnern werden, ist die Qualität statischer Perfektion ein Hauptgrund dafür, warum die euklidische Utopie unbewohnbar ist (dieses Argument hat Bob Elliott überzeugend herausgearbeitet).

> Das Symbol, das der Trickster verkörpert, ist kein statisches. Es birgt die Verheißung der Differenzierung, die Verheißung von Gott und Mensch. Aus diesem Grund befasst sich jede Generation mit einer Neuinterpretierung des göttlichen Schelms. Keine Generation

versteht ihn ganz, doch kommt auch keine ohne ihn aus. [...] [D]enn er vertritt nicht nur die undifferenzierte, ferne Vergangenheit, sondern ebenso die undifferenzierte Gegenwart, die jedem Individuum innewohnt. [...] Lachen wir über ihn, so grinst er uns an. Was ihm geschieht, geschieht auch uns.[39]

Und Coyote war nie in Eden, denn dieser Steppenwolf lebt in der Neuen Welt. Als Adam und Eva vom Engel mit dem Flammenschwert vertrieben wurden, hoben sie ihre traurigen Häupter und blickten direkt in Coyotes grinsendes Gesicht.

Nicht-europäisch, nicht-euklidisch, nicht-maskulinistisch: Das sind allesamt negative Definitionen, was durchaus in Ordnung, wenn auch mühselig ist; und das letztgenannte Attribut ist unbefriedigend, da es leicht dahingehend missverstanden werden könnte, dass die Utopie, der ich mich anzunähern versuche, nur von Frauen erdacht werden – was nicht auszuschließen ist– oder nur von Frauen bewohnt werden könnte –, was völlig inakzeptabel wäre. Vielleicht heißt das Wort, das ich hier brauche, ›yin‹.

Die Utopie ist seit jeher ›yang‹. Auf die eine oder andere Weise ist jede Utopie seit Platon ein großer, yang-lastiger Motorradtrip: hell, trocken, klar, stark, gefestigt, aktiv, aggressiv, geradlinig, progressiv, kreativ, expandierend, vorwärtsstrebend und heiß.

Unsere Zivilisation ist so über die Maßen yang, dass die bloße Vorstellung, die darin herrschenden Ungerechtigkeiten zu beheben oder sich ihren selbstzerstörerischen Elementen zu entziehen, notwendigerweise eine Umkehr beinhalten muss.

*Die zehntausend Dinge erscheinen gemeinsam;*
*in ihrem Erscheinen ist ihre Wiederkehr.*
*Nun erblühen sie,*
*und im Erblühen*

*sinken sie heimwärts,*
*kehren zur Wurzel zurück.*

*Die Rückkehr zur Wurzel*
*ist Friede.*
*Friede: annehmen, was sein muss,*
*wissen, was beständig ist.*
*In diesem Wissen ist Weisheit.*
*Ohne es: Zerstörung, Durcheinander.*[40]

Um das, »was beständig ist«, zu erreichen, müssen wir zurückkehren, wenden, inwendig werden, uns dem Yin zuwenden. Was wäre eine Yin-Utopie? Sie wäre dunkel, feucht, vieldeutig, schwach, nachgiebig, passiv, partizipativ, rund, zyklisch, friedfertig, fürsorgend, zusammenziehend, zurückweichend und kalt.

Wo wir gerade von heiß und kalt sprechen: Eine Fußnote in »The Shape of Utopia« führte mich zu der Vorlesung »Das Feld der Anthropologie« von Claude Lévi-Strauss aus dem Jahr 1960. Dieser Text hat meine Überlegungen beim Verfassen dieses Stücks so stark geprägt, dass ich ausführlich daraus zitieren möchte, und jene, die mit diesen Ausführungen bereits vertraut sind, um Nachsicht bitte. Er beschreibt ›primitive‹ Gesellschaften folgendermaßen:

> Obwohl sie in der Geschichte stehen, scheinen diese Gesellschaften eine besondere Weisheit erworben oder bewahrt zu haben, die sie veranlasst, jeder Veränderung ihrer Struktur, die ein Eindringen der Geschichte ermöglichen würde, verzweifelt Widerstand zu leisten. Diejenigen, die noch vor kurzem ihre besonderen Merkmale am besten geschützt hatten, kommen uns vor wie Gesellschaften, die von dem vorherrschenden Bemühen geleitet werden, an ihrem Wesen festzuhalten.[41]

An ihrem Wesen festzuhalten, ist die besondere Qualität

von Organismen; dabei geht es nicht um auf Zielerfüllung gerichteten Fortschritt, gefolgt von Stagnation – dem Modus der Maschine –, sondern vielmehr um einen interaktiven, rhythmischen und instabilen Prozess, einen Selbstzweck.

> Die Art, wie sie ihre Umwelt nutzen, sichert ihnen sowohl einen bescheidenen Lebensstandard wie den Schutz der natürlichen Hilfsquellen [Ressourcen, A. d. Ü.]. Trotz ihrer Vielfalt weisen die Heiratsregeln, die sie anwenden, in den Augen der Demographen ein gemeinsames Merkmal auf, nämlich die Geburtenrate aufs äußerste zu begrenzen und konstant zu halten. Schließlich scheint ein politisches Leben, das auf der Zustimmung gründet und nur einstimmig getroffene Entscheidungen zulässt, gleichsam dafür geschaffen, jene Treibkraft des kollektiven Lebens auszuschalten, die differentielle Abstände zwischen Macht und Opposition, Mehrheit und Minderheit, Ausbeutern und Ausgebeuteten verwendet.[42]

Dies war Lévi-Strauss' Vorrede zu seiner Unterscheidung zwischen den ›heißen‹ Gesellschaften einerseits, die seit der Neolithischen Revolution auftreten und in denen ›unablässig Unterscheidungen zwischen Kasten und Klassen vorangetrieben werden, um daraus gesellschaftlichen Wandel und soziale Energie zu gewinnen‹; und den selbstbegrenzenden ›kalten‹ Gesellschaften andererseits, deren historische Temperatur gegen null tendiert.

Die Relevanz dieser kunstvollen anthropologischen Ausführungen für die Überlegungen, die ich hier anstelle, wird umgehend von Lévi-Strauss selbst gezeigt: Im darauf folgenden Absatz dankt er dem Himmel dafür, dass von Anthropologen nicht erwartet werde, Prognosen für die Zukunft der Menschheit anzustellen; würde dies jedoch von ihnen erwartet, so schlägt er vor, nicht bloß eine Hochrechnung unserer gegenwärtigen ›heißen‹ Gesellschaft, sondern stattdessen eine schrittweise Integration der besten Merkmale ›heißer‹ und ›kalter‹ Gesellschaften vorzunehmen.

Wenn ich ihn recht verstehe, würde diese Vereinigung beinhalten, die Industrielle Revolution – die bereits die Hauptquelle gesellschaftlicher Energie ist – zu ihrem logischen Extrem zu führen: zur vollständigen elektronischen Revolution. Danach wären Wandel und Fortschritt rein kultureller, gewissermaßen maschinengemachter Natur.

> Wenn dann der Kultur vollständig die Aufgabe zugefallen sein würde, den Fortschritt zu produzieren, wäre die Gesellschaft von einem jahrtausendealten Fluch befreit, der sie dazu zwang, die Menschen zu knechten, damit der Fortschritt sei. Dann würde sich die Geschichte ganz von allein machen, und die Gesellschaft, außerhalb und über der Geschichte stehend, könnte erneut jene regelmäßige und gleichsam kristallinische Struktur gewinnen, die, wie die am besten erhaltenen Gesellschaften uns lehren, nicht in Widerspruch zur Menschheit steht.[43]

Der letzte Satz dieses so strengen und nüchternen Denkers ist geradezu rührend.

So wie ich Lévi-Strauss verstehe, schlägt er vor, dass die Kombination ›heißer‹ und ›kalter‹ Elemente beinhalte, mechanische Operationsmodi auf Maschinen zu übertragen und der Menschheit organische Seinsweisen vorzubehalten. Mechanischer Fortschritt; biologischer Rhythmus. So etwas wie ein elektronischer Yang-Hochgeschwindigkeitszug, in dessen Yin-Abteilen und -Speisewagen das Leben seinen ruhigen Gang geht und nicht einmal die Rosen auf den Tischchen zittern. Was mich an diesem Modell beunruhigt, ist die Abhängigkeit von der integrierenden Funktion der Kybernetik. Wer sitzt auf dem Führersitz? Ein Computer? Wer hat die Software programmiert – etwa schon wieder der alte Niemandsvater[44] namens ›Rationalität‹? Wird dies dann der nächste Schnellzug ohne Bremse?

Vielleicht ist es nur eine Berufskrankheit, die mich in diesem utopischen Blitzlicht eine brillante Aktualisierung eines alten Science-Fiction-Themas erkennen lässt: eine Welt, in der Roboter die Arbeit übernehmen, während sich die Menschen zurücklehnen und spielen. Solche Geschichten waren ausnahmslos Satiren. Die Regel lautete, dass am Ende entweder ein impulsiver junger Mann die Maschinerie zerstört, um die Menschheit vor der Stagnation zu retten, oder aber die Maschinen entledigten sich unter Anwendung perfekter logischer Prinzipien der verweichlichten, überflüssigen Menschen. Die erste und beste solcher Phantasien, E. M. Fosters »Die Maschine steht still«, endet mit einem charakteristischen Doppelakkord zwischen Schrecken und Hoffnung: Die unterirdische Maschine kollabiert und mit ihr die kristalline Gesellschaft, doch oben gibt es freie Menschen – wir wissen zwar nicht, wie zivilisiert, aber immerhin frei und draußen an der Luft.

Damit wären wir wieder bei Milan Kunderas Wurmfortsatz an der Einfriedung Edens – mit den aus dem Paradies Vertriebenen, auf denen die paradiesische Hoffnung ruht, und den im Gulag Internierten als einzig freien Geistern. Die Informationssysteme des Zugs sind sagenhaft, doch die Gleise führen durch Coyotes Land.

> Einst verführte der Gelbe Kaiser mit Menschlichkeit und Rechtschaffenheit den Herz-Geist der Menschen; Yao und Shun [rissen sich] die Haare aus Schenkel und Schienbein [...] im Bemühen um Menschlichkeit und Rechtschaffenheit und hetzten ihren Kreislauf und ihren Atem, um Regeln und Vorschriften aufzustellen. Und dennoch hatten sie keinen Erfolg. Yao verbannte Huan Dou (Lau-

> ter Widerstand) auf den Berg Chong, vertrieb die (Könige der) San Miao [auf den Berg] Sanwei, schickte den Arbeitsminister Gonggong in die Unterwelt Youdu – [und dennoch] hatten sie keinen Erfolg. [...] [A]lle unterm Himmel dürsten nach Wissen [...]. Seitdem benutzt man Axt und Säge, stutzt mit Richtschnur und Richtscheit zurecht, zerteilt mit Hammer und Meißel. Alles unterm Himmel geriet vom Mark her in große Verwirrung [...].[45]

Das war Zhuangzi, der erste große Trickster oder göttliche Narr der Philosophie, der dem Gelben Kaiser, diesem legendären Inbegriff rationaler Kontrolle, eine lange Nase dreht. Auch Zhuangzi lebte in einer heißen Gesellschaft, und er empfahl eine radikale Abkühlung. Er schrieb: »Wer aufhört, zu wissen, was er nicht [wissen] kann, ist vollkommen. Wer das nicht vermag, der wird naturgemäß scheitern.«[46]

Nachdem ich dieses Zitat herausgeschrieben hatte, befolgte ich den Rat, machte Halt vor dem, was ich nicht erkennen konnte, und befragte das »I Ging«. Ich bat darum, dass mir das Buch eine Yin-Utopie beschreiben möge. Es antwortete mit Hexagramm 30, dem doppelten Trigramm »Das Feuer«, mit einfacher Wandlungslinie, die mich zu Hexagramm 56, »Der Wanderer«, führte. Das Verfassen des restlichen Vortrags und dessen Überarbeitung waren wesentlich durch mein fortwährendes Sinnieren über diese Texte geprägt.

Wenn Utopia ein Ort ist, der nicht existiert, dann muss dorthin – wie Laozi sagen würde – ein Weg führen, der kein Weg ist. Auf ähnliche Weise muss die Utopie, die ich hier zu beschreiben versuche, um entstehen zu können, bereits existieren.

Ich glaube, das tut sie:[47] Am deutlichsten wird dies anhand eines erzählerischen Elements höchst unbefriedigender utopischer Werke wie William Henry Hudsons »A Crystal Age« oder Aldous Huxleys »Eiland«. Bob Elliott schließt seine Utopiestudie mit einer Betrachtung über »Eiland« ab. Huxleys »außergewöhnliche Leistung«, sei, so schrieb er, »das alte utopische Ziel – das zentrale menschliche Ziel – überhaupt wieder denkbar zu machen«. Das sind die Schlussworte des Buchs. Es war typisch für Bob, dass damit keine Tür geschlossen, sondern eine neue Tür geöffnet wurde.

Das wichtigste utopische Element in meinem Roman »Freie Geister« ist eine Variante des pazifistischen Anarchismus, der am äußersten Yin-Pol des Spektrums politischer Ideologien angesiedelt ist. Der Anarchismus lehnt die Gleichsetzung von Zivilisation mit Staat sowie die Gleichsetzung von Macht mit Gewaltausübung ab; der Gewalt, die ›heißen‹ Gesellschaften innewohnt, werden ziviler Ungehorsam – etwa die Weigerung von Frauen, im Krieg Dienst an der Waffe zu tun – und andere Coyote-Tricks entgegengesetzt. In diesem Bereich verschmelzen Anarchismus und Daoismus inhaltlich wie stilistisch, und deshalb habe ich auch dort meine fiktiven Spiele angesiedelt. Zwar deutet die Struktur des Buchs die bewegte Balance und wiederkehrende Rhythmik des Taiji an, jedoch zeigt sich ein Yang-Überschuss: Obwohl dieses Utopia (in der tatsächlichen wie in der fiktiven Welt) von einer Frau begründet wurde, ist der Protagonist ein Mann; und ich gebe zu, dass er die Handlung auf sehr maskuline Weise dominiert. So stolz ich auch auf ihn bin, lasse ich ihn hier doch nicht zu Wort kommen. Ich möchte eine andere Stimme hören. Nämlich jene von Lord Dorn, der sich am 16. Juni 1906 an den Rat seines Landes wandte. Er spricht nicht zu, sondern über uns:

> Bei ihnen gehören der Sohn und der Vater verschiedenen Zivilisationen an und sind einander fremd. Sie bewegen sich zu schnell, um mehr als den Oberflächenglanz eines Lebens, das zu geschwind ist, um wirklich zu sein, sehen zu können. Viel zu viele immer neue

> Dinge stürmen auf sie ein, so dass die alten längst verschwunden sind, bevor sie die Tiefe in ihnen gefunden haben. Das Leben, das an ihnen vorbeirauscht, nennen sie Fortschritt, obwohl es viel zu schnell ist, als dass sie ihm folgen könnten. Der Mensch bleibt derselbe – verwirrt und verblüfft, überschüttet von einem Haufen immer neuer Dinge, die schon wieder verschwunden sind, bevor er sie überhaupt kennenlernen konnte. Die Menschen leben viele verschiedene Leben, und das nennen sie ›Chancen‹, und sie glauben, Chancen seien gut, ohne je auch nur bei einem dieser Leben eingehend geprüft zu haben, ob es gut sei. Wir haben weniger Lebensweisen, die meisten von uns lernen nur eine kennen. Es ist eine reiche Lebensweise, deren Reichtum wir noch lange nicht ausgeschöpft haben ... Dass sie nicht sehen, was sie an Gutem in unserer Lebensweise zerstören, ist ihnen nicht vorzuwerfen. Sie sind unfähig, das Gute, das wir haben, zu verstehen oder auch nur zu sehen.[48]

Diese Rede hätte im Rat jedes beliebigen nicht-westlichen Staats oder Volks zum Zeitpunkt des Aufeinandertreffens mit Europäern gehalten werden können. Es hätte ebenso gut eine Kikuyu oder ein Japaner sprechen können – mit Sicherheit hatte der Autor Japans Entscheidung, sich dem Westen anzunähern, im Hinterkopf –, und die Rede ähnelt fast schon schmerzlich den Beobachtungen von Black Elk, Standing Bear, Plenty Coups und anderen Sprechern indigener Völker Nordamerikas.

Islandia ist keine heiße, sondern vielmehr eine warme Gesellschaft: Sie basiert auf einer klaren, wenn auch flexiblen Hierarchie gesellschaftlicher Klassen, und sie hat gewisse Elemente der Industrietechnologie übernommen; diese Gesellschaft hat eindeutig eine Geschichte und ist sich dieser auch bewusst, ist jedoch noch nicht Teil der Weltgeschichte, und zwar vor allem deshalb, weil die Insel – so wie Kalifornien – geografisch abgelegen und schwer zugänglich ist. Bei dieser grundlegenden

Debatte im Rat von Islandia – dem Dreh- und Angelpunkt von  Handlung und Struktur des Romans – wird die bewusste Entscheidung getroffen, die Gesellschaft nicht weiter aufzuheizen: das Konzept Fortschritt als Irrweg abzulehnen und stattdessen die Bewahrung der eigenen Existenz als erstrebenswertes gesellschaftliches Ziel anzuerkennen.

In wie vielen Utopien wird diese Entscheidung mit rationalen Mitteln vorgetragen, abgewogen und getroffen?

Es wäre ein Leichtes, »Islandia« als naive, eskapistische oder rückwärtsgewandte Sehnsucht nach dem Goldenen Zeitalter abzutun. Ich denke, das wäre ein Fehler, und die darin gezeigten Optionen sind möglicherweise realistischer und dringlicher als jene der meisten anderen Utopien.

Erneut meldet sich Monsieur Lévi-Strauss zu Wort, diesmal zum Thema Viren:

> Andererseits ist die Realität des Virus fast intellektueller Natur. In der Tat reduziert sich sein Organismus praktisch auf die genetische Formel, die er einfachen oder komplexen Wesen injiziert, womit er ihre Zellen zwingt, ihre eigene Formel aufzugeben, um der seinen zu gehorchen und ihm ähnliche Wesen zu produzieren.
>
> Damit unsere Zivilisation entstehen konnte, mussten andere existieren, vorher und gleichzeitig mit ihr. Und wir wissen seit Descartes, dass ihre Originalität im wesentlichen in einer Methode besteht, die ihre intellektuelle Natur unfähig macht, andere Zivilisationen aus Fleisch und Blut zu erzeugen, ihnen jedoch ihre Formel auferlegen und sie zwingen kann, ihr ähnlich zu werden. Im Vergleich zu diesen Zivilisationen, deren fleischlichen Charakter die lebendige Kunst wiedergibt, weil sie mit sehr intensiven Glaubensvorstellungen und sowohl in der Auffassung wie in der Ausführung mit einem bestimmten Gleichgewichtszustand zwischen Mensch und Natur verbunden ist – entspricht da un-

sere eigene Zivilisation einem tierischen oder einem virusartigen Typus?[49]

Das ist ebenjener Virus, den Lord Dorn durch völlig arglose Urlaubsreisende aus Europa oder den Vereinigten Staaten eingeschleppt wähnte: eine Seuche, gegen die sein Volk nicht immun war. Hatte er damit unrecht?

Tatsächlich wurde bislang jede kleine Gesellschaft, die versucht hat, es Lord Dorns Entscheidung gleichzutun, zwangsinfiziert; und die vielen großen Gesellschaften – Japan, Indien und nun China – haben sich entweder für die Infektion mit dem viralen Fortschrittsfieber entschieden oder gar keine bewusste Wahl getroffen; dabei haben sie allzu oft die ausbeuterischsten Merkmale heißer mit den passivsten Merkmalen kalter Gesellschaften auf eine Weise verbunden, die es mit an Sicherheit grenzender Wahrscheinlichkeit unmöglich machte, dass sie sich ihre eigene ortsgebundene, im Einklang mit gesunden landschaftlichen Zusammenhängen stehende Lebensweise bewahrten. Ich wollte »Islandia« erwähnen, weil mir kein anderes utopisches Werk bekannt ist, das sich im Kern mit der ›Verwestlichung‹ oder dem ›Fortschrittsparadigma‹ auseinandersetzt – dem vielleicht grundlegenden Merkmal unserer Zeit. Freilich bietet dieser Roman keine Antwort, geschweige denn eine Lösung; er zeigt schlicht, welcher Weg nicht begangen werden kann. Er ist eine ›Enantiodromie‹[50], er nimmt Anlauf im Rückwärtsgang, einem Stachelschwein gleich, das sich rückwärts in eine Felsspalte zurückzieht. Er bewegt sich im Krebsgang. Das ist wohl auch der Grund, warum er nicht als Standardwerk utopischer Literatur gilt. Seitwärts- und Rückwärtsgänge sind jedoch genau das, was im Vorwärtsgang steckengebliebene Köpfe am dringendsten brauchen; und gerade weil es dem »Zukunftswahn« abschwört und einen Schritt zur Seite geht – und eben deshalb auch links liegengelassen wurde –, ist »Islandia« für mich ein wertvolles und auch liebenswertes Buch.

Zu einem gewissen Grad ist es auch ein maschinenstürmerisches, ein technikfeindliches Buch, und an dieser Stelle bin ich nun gezwungen zu fragen: Ist der invasive, selbstreplizierende, mechanische Vorwärtsdrang unserer Zivilisation etwa unserer Hochtechnik geschuldet? Für sich genommen, ist Technik nicht ›ansteckender‹ als andere nützliche oder eindrucksvolle Kulturelemente; Ideen, Institutionen oder Moden können ebenso selbstreplizierend und unwiderstehlich viral sein. Offenkundig ist Technik ein entscheidendes Element aller Kulturen, und oft sind technische Zeugnisse – ob in Form von Tonscherben oder von Styroporstücken – die einzigen Hinterlassenschaften einer Kultur. Ich halte Technik für ein viel zu basales Merkmal jeglicher Zivilisation, als dass sie entweder als ›yin‹ oder als ›yang‹ charakterisiert werden könnte. Doch gegenwärtig, im Hier und Jetzt, sind der unablässig fortschreitende Charakter unserer Technik und der dadurch bedingte unablässige Innovationsdruck – ›den Fortschritt produzieren‹, wie Lévi-Strauss sich ausdrückt – das wichtigste Vehikel für Yang oder ›Hitze‹ in unserer Gesellschaft.

Man muss nun nicht gleich die Schreibmaschine zerschlagen und die Waschmaschine in die Luft jagen, nur weil man den Glauben daran verloren hat, dass der Weg unablässigen technischen Fortschritts nach Utopia führe. An und für sich ist Technik eine nie versiegende schöpferische Quelle. Ich wünschte nur, ich könnte die Technik, wie Lévi-Strauss das tut, als einen Weg sehen, der von einer Zivilisation, die Menschen in Maschinen verwandelt, hinführt zu einer »Zivilisation, der es gelingen würde, Maschinen in Menschen zu verwandeln«.[51] Aber das kann ich nicht. Ich sehe nicht, wie selbst die ätherischsten

Technologien, die uns von Elektronik- und Informationstheorie verkündet werden, mehr als das Versprechen des denkbar schlichtesten Werkzeugs halten können: unser Leben materiell einfacher zu machen und zu bereichern. Welch großes Versprechen, welch großer Gewinn! Wenn jedoch diese Bereicherung einer bestimmten Spielart von Zivilisation nur auf Kosten der Zerstörung des gesamten Planeten zu haben ist, dann erscheint es mir ziemlich klar, dass es ein Fehler wäre, technischen Fortschritt für irgendetwas anderes zu halten als ebendies: technischen Fortschritt. Bislang wurde mir noch nicht überzeugend vor Augen geführt – und ich scheine völlig außerstande zu sein, mir das aus eigener Kraft vorzustellen –, wie uns jeglicher weitere technische Fortschritt näher an eine Gesellschaft heranführen sollte, deren Hauptanliegen der Fortbestand der eigenen Existenz ist; eine Gesellschaft mit genügsamem Lebensstandard, die natürliche Lebensquellen bewahrt, die anhaltend niedrige Geburtenraten und ein auf Konsens basierendes Gemeinschaftsgefüge hat; eine Gesellschaft, der es erfolgreich gelingt, sich ihrer Umwelt anzupassen, und die gelernt hat, so zu leben, dass sie weder sich selbst noch ihre Nachbarn zerstört. Ebendiese Gesellschaft aber möchte ich mir vorstellen können – ich muss sie mir sogar vorstellen können, denn niemand kann ohne Hoffnung leben.

Was wird uns angeboten, auf das wir hoffen können? Modelle, Entwürfe, Blaupausen, Schaltpläne. Die Aussicht auf immer umfassendere Kommunikationssysteme, die über den ganzen Globus hinweg Virus mit Virus vernetzen – keine Geheimnisse, wie Kundera schrieb. Kleine geschlossene Reagenzgläser voller Viren, die im Erdorbit kreisen, entwickelt von der »L5 Society«,[52] unter strikter Befolgung ihres zwanghaften Bestrebens, ›die Zukunft zu bauen‹ – Zeus zu sein, Gewalt über die

Ereignisse auszuüben, Kontrolle zu haben. Wissen ist Macht, und wir wollen wissen, was als Nächstes kommt, wollen alles kartieren.

Coyotes Land wurde nicht kartiert. Der Weg, der nicht begangen werden kann, ist in keinem Straßenatlas verzeichnet oder aber ist jeder im Atlas verzeichnete Weg.

In seinem Handbook of the Indians of California schrieb Alfred L. Kroeber:[53] »Im Allgemeinen lehnen es die Indianer Kaliforniens [...] rundheraus ab, auch nur den Versuch [eine Landkarte zu zeichnen] zu unternehmen, sondern beteuern diesbezüglich völliges Unvermögen.«[54]

Die euklidische Utopie hingegen ist kartiert; sie ist geometrisch organisiert, ihre Bestandteile sind mit ›a‹, ›a'‹, ›b‹ gekennzeichnet: ein Diagramm oder Modell, das Sozialtechniker befolgen und reproduzieren können. Reproduktion, die Devise des Virus.

In seinem Kompendium beobachtete Kroeber in einem Abschnitt über den sogenannten Kuksu-Kult oder die Kuksu-Gesellschaft – einem Überbegriff für eine Reihe von Riten und Bräuchen, die bei den zentralkalifornischen Stämmen der Yuki, Pomo, Maidu, Wintu, Miwok, Muwekma Ohlone und Esselen beobachtet wurden –, dass unsere Verwendung der Begriffe ›Kult‹ oder ›Gesellschaft‹, also unsere Wahrnehmung des allgemeinen oder abstrakten Sachverhalts ›Kuksu‹, die indigene Wahrnehmung verzerrt:

> Gesellschaften überstiegen nicht die Größenordnung von Ortschaften. Sie waren keine Zweige, weil es keinen Hauptstamm gab. In jeglicher Situation, ob religiös oder anderweitig, heißt unsere Methode, von einem zentralen, überlegenen Körper auszugehen. Seit den Tagen des Römischen Reichs und der christlichen Kirche können wir uns kaum eine gesellschaftliche Aktivität vorstellen, die

nicht als in sich abgeschlossene und in weitere Untereinheiten zergliederte Einheit organisiert wäre.



Es gilt jedoch zu erkennen, dass solch eine Tendenz beileibe kein unausweichliches und jeglicher Zivilisation innewohnendes Merkmal ist. Wenn wir Gesellschaft nicht anders als in den Begrifflichkeiten einer organisierten Maschine denken können, so war es einem kalifornischen Indigenen ebenso unmöglich, in ebenjenen Begrifflichkeiten zu denken.

Wenn wir uns in Erinnerung rufen, mit welch schlanker Maschinerie und welch rudimentären Organisationsformen die gesamte griechische Zivilisation auskam, wird unschwer erkennbar, dass die [...] Kalifornier auf nahezu alle Unterfangen, die uns heute lebenswichtig erscheinen, verzichten konnten.[55]

Kopernikus hat uns gesagt, dass die Erde nicht der Mittelpunkt ist. Darwin hat uns gesagt, dass der Mensch nicht der Mittelpunkt ist. Würden wir uns an die Anthropologie halten, dann könnten wir vielleicht hören, wie uns mit angemessener Diskretion zu verstehen gegeben wird, dass der weiße Westen nicht der Mittelpunkt ist. Die Mitte der Welt ist ein Steilufer an der Klamath in Oregon, ein Stein in Mekka, eine Erdspalte in Griechenland – nirgendwo gelegen, ihr Umkreis überall.

Vielleicht sollte der Utopist diese beunruhigende Nachricht endlich beherzigen. Vielleicht täte er gut daran, seinen Plan aufzugeben, die Landkarte wegzuwerfen, vom Motorrad abzusteigen, sich einen wirklich schrägen Hut auf den Kopf zu setzen, dreimal scharf zu bellen und sich zu trollen – dünn, gelbbraun und räudig durch die Wüste und hinauf zu den Weißkiefern.

Ich glaube nicht, dass wir je wieder nach Utopia gelangen können, indem wir vorwärtsgehen, sondern nur, indem wir uns in Kreisen und auf Seitenpfaden bewegen; und zwar deshalb, weil wir gegenwärtig in einem rationalistischen Dilemma feststecken, in einer von der binären Computerlogik als Entweder-Oder wahrgenommenen Situation – und weder das Entweder noch das Oder ist ein Ort, an dem Menschen leben können. In diesen zunehmend schwierigen Zeiten werde ich von Menschen, die ich respektiere und bewundere, oft gefragt: ›Werden Sie denn nun Bücher über die schreckliche Ungerechtigkeit und das Elend in der Welt schreiben oder eskapistische, tröstliche Phantasien?‹ Manche drängen mich, das eine zu tun – manche, das andere. Ich werde vor die Wahl des Großinquisitors gestellt. Wählst du Freiheit ohne Glück oder Glück ohne Freiheit? Ich denke, die einzige Antwort, die ich darauf geben kann, heißt: Nein.

Bitte wenden. *Usà puyew usu wapiw!*

> Wenn dieses Wort [Utopie] rehabilitiert werden kann, dann nur durch jemanden, der der Utopie in jenen Abgrund, der hinter der Vision des Großinquisitors klafft, gefolgt und auf der anderen Seite wieder herausgeklettert ist.[56]

Das klingt mir ganz nach Coyote. Sie stürzt in Fallgruben oder Abgründe und schafft es irgendwie, mit einem närrischen Grinsen auf der anderen Seite wieder herauszuklettern. Könnte es sein, dass wir es inzwischen gar nicht mehr mit dem Großinquisitor zu tun haben? Könnte es sein, dass er die patriarchale Vaterfigur ist, die wir vor uns aufgerichtet haben? Könnte es sein, dass wir ihn schlichtweg hinter uns lassen können, indem wir uns umwenden, während er wie Ozymandias, »der Könige König«,[57] weiter auf die Todeslager starrt, auf die Gulags, auf das wüste Land, das unbewohnbare Königreich des Zeus, das Land der binären Optionen und eingleisigen Visionen, in dem zwischen Glück und Freiheit gewählt werden muss?

Wenn dem so ist, dann befinden wir uns noch im Abgrund hinter ihm. Nicht auf der anderen Seite. Ein typisches Coyote-

Dilemma. Wir haben uns in einen Riesenschlamassel hineinmanövriert, aus dem wir uns befreien müssen; doch dann müssen wir uns erst noch vergewissern, dass wir auch wirklich auf der anderen Seite herausgekommen sind; und wenn wir dann tatsächlich dort angekommen sind, werden wir nicht mehr dieselben sein.

Ich habe nicht die geringste Ahnung, wer wir dann sein werden oder wie es auf der anderen Seite sein wird, auch wenn ich glaube, dass es dort Leute gibt. Sie haben schon immer dort gelebt. Dort gibt es auch Lieder, die sie singen; eines heißt »Tanz am Ende der Welt«.[58] Wenn wir sie dann, nachdem wir aus dem Abgrund herausgeklettert sind, befragen, werden sie uns keine Landkarten zeichnen, sondern diesbezüglich völliges Unvermögen beteuern; vielleicht werden sie stattdessen auf etwas deuten. Vielleicht wird eine von ihnen in Richtung Arlington, Texas, zeigen. »Dort lebe ich«, wird sie sagen. »Schaut doch, wie schön es dort ist!«

»Das ist die Neue Welt!«, werden wir verwirrt, doch überglücklich rufen. »Wir haben die Neue Welt entdeckt!«

»Oh nein«, wird Coyote dagegenhalten. »Nein, das ist die alte Welt. Die Welt, die ich gemacht habe.«

»Du hast sie für uns gemacht!«, werden wir verblüfft und dankbar ausrufen.

»So weit würde ich nicht gehen«, erwidert Coyote.

# »Ein Kampf ohne Ende«

*Gelegentlich notierte Gedanken über Unterdrückung, Revolution und Phantasie*

**Sklaverei**

Mein Land kam durch eine Revolution zusammen und wäre an einer weiteren fast zerbrochen.

Die erste Revolution war ein Protest gegen empörende und dumme, wenngleich vergleichsweise milde soziale und wirtschaftliche Ausbeutung. Sie war von nahezu einzigartigem Erfolg gekrönt.

Viele, die die erste Revolution anführten, praktizierten die extremste Form wirtschaftlicher Ausbeutung und sozialer Unterdrückung: Sie waren Sklavenhalter.

Die zweite Revolution, der Amerikanische Bürgerkrieg, war ein Versuch, die Sklaverei aufrechtzuerhalten. Dieser war teilweise erfolgreich. Zwar wurde die Institution Sklaverei abgeschafft, doch das Denken in diesem Land ist nach wie vor wesentlich durch das Herrenbewusstsein und das Sklavenbewusstsein geprägt.

**Widerstand gegen Unterdrückung**



Phillis Wheatley, Poetin und freigelassene Sklavin, schrieb 1774: »In die Brust jedes Menschen hat Gott ein Prinzip gepflanzt, das wir Freiheitsliebe nennen; es kann Unterdrückung nicht ertragen und lechzt nach Befreiung.«

Diese Wahrheit würde ich ebensowenig bestreiten wie den Umstand, dass die Sonne scheint. Alles, was an den Institutionen und der Politik meines Landes gut ist, gründet darauf.

Und doch sehe ich, dass wir all unserer Freiheitsliebe zum Trotz Unterdrückung meist geduldig ertragen und sogar Befreiung ablehnen.

Ich halte es für gefährlich, sich darauf zu verlassen, dass unsere Freiheitsliebe stets stärker sein wird als all die Kräfte oder Trägheitsgefühle, die uns ständig davon abhalten, gegen Unterdrückung aufzubegehren und für Befreiung zu kämpfen.

Wenn ich bestreite, dass auch starke, intelligente, fähige Menschen Unterdrückung hinnehmen, dann erkläre ich Unterdrückte in Bausch und Bogen zu schwachen, dummen und unfähigen Menschen.

Wenn es wahr wäre, dass überlegene Menschen es ablehnten, sich als Unterlegene behandeln zu lassen, so würde daraus folgen, dass jene von niederem gesellschaftlichem Rang tatsächlich unterlegen wären, da diese, wenn sie denn überlegen wären, gegen ihre Ungleichbehandlung aufbegehren würden; und weil sie die Position der Unterlegenen akzeptieren, sind sie auch unterlegen. Dieses Argument ist der bequeme Zirkelschluss des Sklavenhalters, der Rassistin, des Frauenhassers und der gesellschaftlichen Reaktionärin.

Nach wie vor geistert dieses Argument in Überlegungen zum Holocaust herum: Warum haben jüdische Menschen »sich einfach so deportieren lassen«? Warum haben sie sich nicht

»gewehrt«? So gestellt, lassen sich diese Fragen nicht beantworten und können somit von Antisemiten verwendet werden, um daraus die Unterlegenheit von Menschen jüdischen Hintergrunds abzuleiten.

In diese Argumentation verfallen jedoch auch idealistisch Denkende. Viele amerikanische Liberale und Konservative mit humaner Gesinnung sind der Überzeugung, dass alle unterdrückten Menschen unerträglich unter ihrer Unterdrückung litten, dass sie allzeit bereit zur Rebellion sein müssten und dass sie moralisch schwach, moralisch fehlgeleitet wären, wenn sie nicht rebellierten.

Ich halte es ausnahmslos für kategorisch falsch, wenn eine Person sich selbst aufgrund von Rasse oder sozialem Status anderen überlegen fühlt oder anderen einen unterlegenen Status aufzwingt. Es ist jedoch etwas völlig anderes, ein kategorisches Urteil über Menschen zu fällen, die ihren unterlegenen Status akzeptiert haben. Wenn ich sage, ihre Überzeugung sei falsch und sie müssten aus moralischen Gründen rebellieren, dann ist es meine Pflicht, darüber nachzudenken, welche reale Wahl diese Menschen überhaupt haben, ob sie aus Unwissenheit oder aus Überzeugung handeln und ob sie eine Möglichkeit haben, ihre Unwissenheit zu lindern oder ihre Überzeugung zu ändern. Wie kann ich nach solchen Erwägungen noch sagen, die Schuld läge bei ihnen? Sind sie es, oder sind es die Unterdrücker, die Unrecht tun?

Die herrschende Schicht ist immer klein, die unteren Schichten sind immer groß, selbst in Kastengesellschaften. Stets übertrifft die Zahl der Armen jene der Reichen bei Weitem. Die Mächtigen sind weniger zahlreich als jene, über die sie herrschen. In fast allen Gesellschaften haben erwachsene Männer einen höheren Status, obwohl Frauen und Kinder in der Überzahl sind. Regierungen und Religionen sanktionieren und stützen – generell oder teilweise – Ungleichheit, Rangordnungen nach sozialem Status und nach Geschlecht sowie Privilegien.



Die meisten Menschen an den meisten Orten zu den meisten Zeiten waren und sind von minderem Status.

Und auch heute, auch in ›der freien Welt‹, auch ›im Land der Freien‹ betrachten die meisten Menschen diesen Zustand nach wie vor als naturgegeben, notwendig und unabänderbar. Sie denken, so sei es immer schon gewesen, und deshalb müsse es auch so sein. Dieses Denken mag Überzeugung oder Unwissenheit und oftmals beidem entspringen. Durch die Jahrhunderte hatten die meisten Menschen mit unterlegenem Status gar keine Möglichkeit, zu erkennen, dass eine andere gesellschaftliche Ordnung je existierte oder je existieren könnte, dass Wandel möglich sei. Nur jene mit überlegenem Status hatten genug Wissen, um das zu wissen; und die Macht und Privilegien ebenjener Menschen hätten auf dem Spiel gestanden, wenn die herrschenden Verhältnisse verändert worden wären.

Der Geschichte können wir in diesen Fragen nicht als moralische Richtschnur trauen, denn die Geschichte wurde von den überlegenen gesellschaftlichen Schichten, von den Gebildeten, von den Mächtigen geschrieben. Doch im Weiteren haben wir nichts als die Geschichte – und die Beobachtung aktueller Ereignisse –, auf die wir uns stützen können. Eine Sichtung dieses Beweismaterials zeigt, dass es nur selten zu Revolten oder Rebellionen und nur äußerst selten zu Revolutionen kommt. Zu den meisten Zeiten und an den meisten Orten unterließ es der Großteil der Frauen, Sklavinnen, Diener, Unterprivilegierten, Kastenlosen, Bäuerinnen, Arbeiter und der als unterlegen Geltenden – sprich: der Großteil der Leute –, gegen ihre Verschmähung und Ausbeutung zu rebellieren. Gewiss, sie leisteten

Widerstand; doch dieser Widerstand war meist passiv oder so indirekt, so sehr Teil ihres tagtäglichen Gebarens, dass er nahezu unsichtbar blieb.

Wenn Stimmen von unterdrückten und unterprivilegierten Menschen aufgezeichnet wurden, so findet sich darunter zwar mancher Ruf nach Gerechtigkeit, größtenteils sind sie jedoch Ausdruck von Patriotismus, Hochrufe auf den König, Schwüre zur Verteidigung des Vaterlands – in Loyalität zu ebenjenem System, das die Entrechteten entrechtet hat, und zu ebenjenen Menschen, die davon profitieren.

Die Sklaverei würde nicht als weltweites Phänomen existieren, wenn sich Sklaven oft gegen ihre Herren erhoben hätten. Die meisten Sklavenhalter werden nicht getötet. Stattdessen wird ihnen gehorcht.

Arbeiter sehen mit an, wie ihre Chefs das Dreihundertfache des eigenen Lohns verdienen, und grollen zwar darüber, tun jedoch nichts dagegen.

In den meisten Gesellschaften halten Frauen die Forderungen und Institutionen männlicher Vorherrschaft aufrecht, indem sie sich den Männern fügen, ihnen (offenkundig) hörig sind und die Mär von der angeborenen Überlegenheit der Männer als natürliches Faktum oder religiöses Dogma verteidigen.

Männer mit geringem gesellschaftlichem Status – junge Männer, arme Männer – kämpfen und sterben für das System, das sie unterdrückt. Die meisten der unzähligen Soldaten, die in den unzähligen Kriegen zum Machterhalt der politisch oder religiös Herrschenden ums Leben kamen, waren Männer, die in der jeweiligen Gesellschaft als unterlegen galten.

Wir haben nichts zu verlieren als unsere Ketten – dennoch ziehen wir es vor, sie zu küssen.

Warum nur?

Sind menschliche Gesellschaften unweigerlich als Pyramide mit Machtkonzentration an der Spitze aufgebaut? Ist eine Machthierarchie ein biologischer Imperativ, den menschliche Gesellschaften zwingend ausagieren müssen? Diese Frage ist mit ziemlicher Sicherheit falsch gestellt und lässt sich so nicht beantworten, sie wird jedoch immer wieder gestellt und beantwortet, und wer sie stellt, bejaht sie für gewöhnlich.

Falls ein solcher angeborener, biologischer Imperativ existierte, wäre er dann für beide Geschlechter gleichermaßen zwingend? Es gibt keine unumstößlichen Belege für angeborene geschlechtsspezifische Unterschiede des Sozialverhaltens. Essentialistische Perspektiven[59] des einen oder des anderen Lagers sehen Männer als von Natur aus dazu veranlagt, Machthierarchien aufzubauen, während Frauen diese Strukturen akzeptierten oder imitierten, jedoch nicht selbst initiierten. Der essentialistischen Argumentation zufolge werde das männliche Programm also gewiss Bestand haben, und Kommandoketten, bei denen ›Ranghöhere‹ Befehle an ›Rangniedere‹ erteilen und die Macht sich auf wenige Menschen konzentriert, seien praktisch ein universelles Muster menschlicher Gesellschaften.

Die Anthropologie liefert uns einige Ausnahmen zu dieser vermeintlichen Universalität. Ethnologinnen und Ethnologen haben Gesellschaften beschrieben, die keine fixen Kommandoketten haben; in denen Macht nicht in einem starren System aus Ungleichheit eingefroren, sondern fluide ist, sich in unterschiedlichen Situationen unterschiedlich verteilt und durch solche Gewaltenteilung stets Konsensentscheidungen anstrebt. Sie haben Gesellschaften beschrieben, die nicht das eine Geschlecht als überlegen klassifizieren, obwohl sie durchweg eine nach Geschlechtern differenzierte Arbeitsteilung haben und eher dazu neigen, die Unterfangen der Männer zu feiern.

Dies sind jedoch alles Gesellschaften, die wir als ›primitiv‹ beschreiben – eine tautologische Zuschreibung, denn wir haben bereits die folgende hierarchische Werteordnung herausgearbeitet: primitiv = unterlegen = schwach, zivilisiert = überlegen = mächtig.

In vielen ›primitiven‹ und in sämtlichen ›zivilisierten‹ Gesellschaften gibt es eine starre Schichtung, die Wenige mit viel Macht und die meisten Menschen mit wenig bis gar keiner Macht ausstattet. Sollte die Aufrechterhaltung institutionalisierter gesellschaftlicher Ungleichheit etwa tatsächlich der Motor sein, der die Zivilisation antreibt, wie Claude Lévi-Strauss vermutete?

Die Mächtigen sind wohlgenährter, besser bewaffnet, gebildeter und deshalb besser dazu ausgestattet, an der Macht zu bleiben; ist das jedoch eine hinreichende Erklärung für die Allgegenwart und Dauerhaftigkeit extremer sozialer Ungleichheit? Sicherlich ist auch der Umstand, dass Männer ein wenig größer und muskulöser (wenn auch weniger ausdauernd) als Frauen sind, keine ausreichende Erklärung für die omnipräsente und andauernde Geschlechterungerechtigkeit in Gesellschaften, in denen Körpergröße und Muskelkraft keine große Rolle mehr spielen.

Wenn wir Menschen Ungerechtigkeit und Ungleichheit wirklich so verabscheuten, wie wir uns selbst und andere ständig glauben machen, hätten dann die großen Imperien und Hochzivilisationen auch nur für eine Viertelstunde Bestand gehabt?

Wenn wir Bewohnerinnen und Bewohner der USA Ungerechtigkeit und Ungleichheit wirklich so inbrünstig verabscheuten, wie wir gern beteuern, müsste dann auch nur eine Person in diesem Land hungern?

Jenen, die keine Möglichkeit haben, zu erkennen, dass Rebellion überhaupt möglich sei, verlangen wir einen rebellischen Geist ab, doch wir Privilegierten halten still und sehen kein Unrecht.

Wir haben gute Gründe, uns vorsichtig und still zu verhalten, um keine schlafenden Hunde zu wecken. Jede Menge Seelenruhe und Bequemlichkeit stehen auf dem Spiel. Die mentale und moralische Wende weg vom Verleugnen, hin zum bewussten Wahrnehmen von Ungerechtigkeit ist oftmals mit äußerst hohen Kosten verbunden. Meine Zufriedenheit, Stabilität, Sicherheit, persönlichen Neigungen könnten dem Traum eines Allgemeinwohls zum Opfer fallen, einer Idee von Freiheit, in deren Genuss ich selbst zu Lebzeiten womöglich nicht mehr kommen werde, einem Gerechtigkeitsideal, das womöglich niemand je erreichen wird.

Die letzten Worte des »Mahabharata« lauten: »Kein Weg führt mich zu einem Ziel, das außerhalb meiner Reichweite liegt.« Es ist wahrscheinlich, dass Gerechtigkeit – eine menschliche Idee – außerhalb menschlicher Reichweite liegt. Wir haben Talent dazu, Dinge zu erfinden, die es nicht geben kann.

Möglicherweise kann Frieden gar nicht durch menschliche Institutionen herbeigeführt werden, sondern muss eine von den jeweiligen Umständen unabhängige, mentale oder spirituelle Qualität bleiben, eine Gnadengabe. Das ist (wenn ich sie recht verstehe) die religiöse Definition von ›Freiheit‹. Mein Problem damit ist, dass die darin enthaltene Abwertung der jeweiligen Anstrengungen und Umstände ebenjene institutionelle Ungerechtigkeiten befördert, die die Gnadengabe unerreichbar machen. Einem zweijährigen Kind, das verhungert, zu Tode geprügelt wird oder durch einen Brandbombenabwurf stirbt, wurde weder ein Zugang zu Freiheit noch ein Gnadengeschenk gewährt, zumindest nicht in dem Sinn, in dem ich diese Wörter

verstehen kann.

Aus eigener Kraft können wir nur eine unvollkommene Gerechtigkeit, eine begrenzte Freiheit erlangen. Besser als nichts. Halten wir also an jenem Prinzip fest, von dem die befreite Sklavin, die Poetin, sprach: der Freiheitsliebe.

**Der Grund der Hoffnung**

Der Perspektivwechsel weg vom Verleugnen, hin zum Erkennen von Ungerechtigkeit kann nicht rückgängig gemacht werden.

Was unsere Augen gesehen haben, haben sie gesehen. Sobald wir die Ungerechtigkeit erkannt haben, können wir diese nie wieder guten Gewissens leugnen und den Unterdrücker in Schutz nehmen. Was einst Loyalität war, ist nun Verrat. Fortan heißt es: Wer nicht widersteht, kollaboriert.

Es gibt jedoch einen Mittelgrund zwischen Verteidigung und Angriff, einen Grund, auf dem flexibler Widerstand und Wandel möglich werden. Es ist weder leicht, diesen Ort zu finden, noch an ihm zu verweilen. Friedensunterhändler, die ihn suchten, verloren die Nerven in München.[60]

Wer schließlich den Mittelgrund erreicht, erhält dafür nicht immer den gerechten Lohn. Harriet Beecher Stowes Onkel Tom ist ein Sklave, der für den beherzten Versuch, seinen Herrn zur Umkehr zu bewegen, und für die standhafte Weigerung, andere Sklavinnen und Sklaven zu züchtigen, selbst totgeprügelt wird. Dennoch verwenden wir ihn nach wie vor hartnäckig als Symbol kriecherischer Kapitulation und hündischer Unterwürfigkeit.

Wir bewundern heroisch nutzlosen Trotz, und wir belächeln langmütigen Widerstand.

Doch der Hort der Verhandlung, wo Langmut Wandel gebiert, ist der Grund, auf dem Gandhi stand. Lincoln erreichte ihn zu einem hohen Preis. Bischof Tutu weilte dort jahrelang auf einmalig aufrechte Weise und erlebte, wie sich sein Land – wenn auch noch so unbeholfen und zögerlich – auf diesen Grund der Hoffnung zubewegte.



**Die Werkzeuge der Herrschenden**

Wie Audre Lorde schrieb, kann das Herrschaftshaus nicht durch die Werkzeuge der Herrschenden demontiert werden. Ich sinniere über diese starke Metapher, versuche, sie zu ergründen.

Radikale, Liberale, Konservative und Reaktionäre gehen gleichermaßen davon aus, dass das Erlernen des Herrschaftswissens unweigerlich zur Bewusstmachung von Unterdrückung und Ausbeutung und somit zum subversiven Wunsch nach Gleichheit und Gerechtigkeit führt. Liberale unterstützen allgemeine Bildungsfreiheit, öffentliche Schulen und unzensierte Diskussionen an Universitäten aus just denselben Gründen, aus denen Reaktionäre diese ablehnen.

Lorde scheint durch ihre Metapher nahezulegen, dass Bildung irrelevant für gesellschaftlichen Wandel sei. Wenn nichts, was die Herrschenden nutzten, von Nutzen für die Versklavten sein kann, dann muss Bildung im Sinn des Herrschaftswissens abgeschafft werden. Eine Unterschicht müsste dann die Gesellschaft völlig neu erfinden und eine neue Art von Wissen erlangen, um Gerechtigkeit herbeiführen zu können. Andernfalls scheitert die Revolution.

Das ist plausibel. Revolutionen scheitern für gewöhnlich. Den Anfang ihres Scheiterns erkenne ich jedoch bereits dann, wenn der Versuch, das Haus so umzubauen, dass jedermensch darin leben kann, zum Versuch Einiger wird, alle Sägen und Hämmer an sich zu reißen, die herrschaftliche Werkzeugkammer zu verbarrikadieren und allen anderen den Zugang dazu zu verwehren. Macht korrumpiert nicht nur, sie macht auch süchtig. Aus Arbeit wird Zerstörung. Nichts wird aufgebaut.

Gesellschaften können sich mit und ohne Gewalt verändern. Neuerfindung ist möglich. Aufbau ist möglich. Welche Werkzeuge haben wir, um etwas aufzubauen, abgesehen von Hämmern, Nägeln, Sägen – Bildung, Denken lernen, Fertigkeiten erwerben?

Sollte es tatsächlich Werkzeuge geben, die noch nicht erfunden wurden und die wir erst noch erfinden müssen, um das Haus bauen zu können, in dem unsere Kinder einmal wohnen sollen? Können wir uns, ausgehend von dem, was wir jetzt wissen, weiterentwickeln, oder hält uns gerade das, was wir jetzt wissen, davon ab, das zu lernen, was wir wissen müssen? Müssen wir, um das zu lernen, was uns People of Color, Frauen, Arme lehren können, erst das gesamte Wissen der Weißen, der Männer, der Mächtigen entlernen? Müssen wir mitsamt der Priesterschaft und der Phallokratie auch die Wissenschaften und die Demokratie über Bord werfen? Wird uns nichts anderes übrigbleiben, als zu versuchen, nicht mit Werkzeugen, sondern mit unseren bloßen Händen zu bauen? Die Metapher ist ebenso gehaltvoll wie gefahrenvoll. Die Fragen, die sie aufwirft, kann ich nicht beantworten.

## Nur in den Utopien

Meine erzählende Literatur kann insofern als größtenteils ›utopisch‹ bezeichnet werden, als sie einen flüchtigen Blick auf eine imaginierte Alternative zu unserer ›gegenwärtigen Lebensweise‹ anbietet. Dennoch vermeide ich diesen Begriff. Zwar scheinen mir viele meiner erdachten Gesellschaften auf die eine oder andere Weise eine Verbesserung der unseren zu sein, ich finde jedoch ›Utopie‹ eine viel zu große und starre Bezeichnung dafür. Utopien sind ebenso wie Dystopien intellektuelle Orte. Ich hingegen schreibe aus Leidenschaft und Spielfreude. Meine Geschichten sind weder dröge Warnungen noch Blaupausen, die uns sagen, was wir tun sollen. Ich betrachte die meisten als menschliche Komödien, als Erinnerung an die unendliche Vielfalt an Wegen, die uns doch immer wieder mehr oder weniger an denselben Ort führen, und als Feier der unendlichen Vielfalt an immer neuen Alternativen und Möglichkeiten. Selbst die Romane »Freie Geister« und »Immer nach Hause«[61] – in denen ich methodischer als für gewöhnlich bestimmte Variationen des Machtgebrauchs, die ich gegenüber den gegenwärtig in unserer Welt vorherrschenden Spielarten bevorzuge, ausgearbeitet habe – sind ebenso sehr Versuche in Subversion wie auch Versuche, das Ideal eines erreichbaren gesellschaftlichen Plans zu skizzieren, der Ungerechtigkeit und Ungleichheit ein für alle Mal ein Ende setzen würde.

Für mich ist das Entscheidende dabei nicht, eine spezifische Hoffnung auf Besserung anzubieten, sondern durch die Unterbreitung einer imaginierten, aber überzeugenden Alternativrealität das eigene Bewusstsein und somit auch das Bewusstsein der Lesenden von der faulen, furchtsamen Denkgewohnheit zu befreien, dass unsere gegenwärtige Lebensweise die einzige Weise sei, wie Menschen leben könnten. Ebenjene Trägheit des Denkens ermöglicht, dass institutionalisierte Ungerechtigkeit unhinterfragt fortgeführt wird.

Es liegt in der Natur der Sache, dass Science-Fiction- und Fantasy-Literatur ihren Leserinnen und Lesern Alternativen zu jener Lebenswirklichkeit, die diese gegenwärtig erfahren, anbieten. Junge Menschen sind gemeinhin empfänglich für diese Art von Geschichten, denn in ihrem Elan und Erfahrungsdrang sind sie offen für Alternativen, Möglichkeiten und Wandel. Viele

Erwachsene hingegen fürchten bereits die bloße Vorstellung wirklicher Veränderung, lehnen jegliche phantastische Literatur kategorisch ab und brüsten sich damit, dass sie nicht über den Tellerrand dessen, was sie bereits wissen oder zu wissen glauben, hinausschauen.

So als ob sie ihre eigene Wirkmacht fürchteten, sind jedoch große Teile der Science-Fiction- und Fantasy-Literatur nicht von sozialem Erfindungsreichtum geprägt, sondern bleiben kleinmütig und reaktionär – Fantasy klammert am Feudalismus, Science Fiction an militärischen und imperialen Hierarchien. Beide belohnen ihre Hauptfiguren, ganz gleich ob männlich oder weiblich, meist nur für dezidiert männliches Heldentum. (Ich habe selbst über Jahre hinweg so geschrieben. Obwohl meine Hauptfigur in »Die linke Hand der Dunkelheit« geschlechtslos ist, vollbringt sie fast ausschließlich männliche Heldentaten.) Insbesondere in der Science Fiction ist zudem die oben erwähnte Vorstellung weitverbreitet, dass jede Figur, die nicht allzeit bereit ist, zu rebellieren und durch tollkühne, gewalttätige Handlungen Freiheit zu erringen, entweder ein Jammerlappen oder nur eine Randfigur sei.

In einer Welt mit derart vereinfachter Moral ist ein Sklave, sofern er nicht Spartakus ist, ein Niemand. Das ist erbarmungslos und unrealistisch. Die meisten versklavten, die meisten unterdrückten Menschen sind Teil einer Gesellschaftsordnung, die ihnen – gemäß den Bedingungen ihrer Unterdrückung – keine Möglichkeit gibt, sich auch nur vorzustellen, dass diese Ordnung veränderbar wäre.

Der Gebrauch der Phantasie ist gefährlich für jene, die vom gegenwärtigen Stand der Dinge profitieren, denn sie kann uns erkennen lassen, dass der gegenwärtige Stand der Dinge nicht dauerhaft, nicht universell, nicht notwendig ist.

Wenn aber phantastische Literatur die reale, wenn auch begrenzte Macht hat, etablierte Institutionen zu hinterfragen, dann hat sie auch die mit dieser Macht einhergehende Verantwortung. Wer Geschichten erzählt, hat auch Wahrheiten zu erzählen.

Es ist schade, dass sich so viele Geschichten, die eine wahre Vision anbieten könnten, mit patriotischen oder religiösen Platitüden, mit technologischer Wundertätigkeit oder mit Wunschdenken abfinden, ohne dass ihre Verfasserinnen und Verfasser versucht hätten, etwas Wahres zu imaginieren. Die modische ›Dystopie noir‹ kehrt die Platitüden lediglich um, verwendet Säure statt Süßstoff und umgeht doch die Auseinandersetzung mit menschlichem Leid und echten Möglichkeiten. Phantastische Literatur, die ich bewundere, bietet Alternativen zum Status quo an, die nicht nur die Allgegenwart und Notwendigkeit überholter Institutionen hinterfragen, sondern auch das Feld gesellschaftlicher Möglichkeiten und moralischer Einsichten erweitern. Dies kann in einem so naiv-hoffnungsvollen Tonfall wie jenem der ersten drei Staffeln von »Raumschiff Enterprise« geschehen oder durch so komplexe, ausgefeilte und ambitionierte denkerisch-literarische Konstruktionen wie die Romane von Philip K. Dick oder Carol Emshwiller; der Antrieb ist erkennbar derselbe – der Impuls, Wandel vorstellbar zu machen.

Wir werden unsere eigene Ungerechtigkeit nicht erkennen, wenn wir uns Gerechtigkeit nicht vorstellen können. Wir werden nicht frei sein, wenn wir uns Freiheit nicht vorstellen können. Wir können von niemandem verlangen, nach Gerechtigkeit und Freiheit zu streben, wenn sie oder er zuvor keinerlei Möglichkeit hatte, sich diese als erreichbar vorzustellen.

Ich möchte diese Betrachtungen mit offenem Ausgang durch die Worte eines Schriftstellers abschließen und krönen, der nie etwas anderes als die Wahrheit sprach und der diese Wahrheit stets still sprach – Primo Levi, der ein Jahr in Auschwitz interniert gewesen war und wusste, was Ungerechtigkeit ist:

> Der Aufstieg der Privilegierten ist nicht nur in den Konzentrationslagern, sondern in allen menschlichen Lebensverbänden ein beängstigendes, aber unabänderliches Phänomen: Sie fehlen nur in den Utopien. Es ist die Aufgabe jedes rechtsbewussten Menschen, jedem auf keinerlei Verdienst beruhendem Privileg den Kampf anzusagen, aber man darf nicht vergessen, dass es sich hierbei um einen Kampf ohne Ende handelt.[62]

# Utopyin, Utopyang



Es folgen einige Gedanken über Utopie und Dystopie.

Die ›guten Orte‹ alter, plumper Spielart waren Ersatzvisionen, die kontrollierbar machen sollten, was unkontrollierbar war, und erreichbar, was hier und jetzt unerreichbar war – ein geordnetes, friedliches Himmelreich; ein Stundenparadies; ein Wolkenkuckucksheim. Der Weg dorthin war klar, wenn auch drastisch. Man starb.

Auch Thomas Morus' säkulares Gedankenkonstrukt »Utopia«[63] war noch ein Ausdruck der Sehnsucht nach etwas, das im Hier und Jetzt fehlte – rationale menschliche Kontrolle über menschliches Leben –, doch sein guter Ort war ausdrücklich ein ›Nicht-Ort‹. Eine Kopfgeburt. Eine Blaupause ohne Baugrund.

Seitdem wurde Utopia nicht mehr im Jenseits, sondern auf unkartiertem Land verortet, am anderen Ufer des Ozeans, jenseits der Berge, in der Zukunft, auf einem anderen Planeten: ein bewohnbares, jedoch unerreichbares Anderswo.

Jede Utopie seit »Utopia« war – offenkundig oder verdeckt, tatsächlich oder möglicherweise, im Urteil der Schreibenden oder der Lesenden – sowohl ein guter als auch ein schlechter Ort. Jede Eutopie birgt eine Dystopie, jede Dystopie birgt eine Eutopie.[64]

Im Yang-Yin-Symbol (Taiji) enthält jede Hälfte einen Anteil der jeweils anderen, worin sich ihre völlige wechselseitige Abhängigkeit und stete Wandelbarkeit ausdrückt. Obwohl die Abbildung statisch ist, enthält jede Hälfte den Samen der Transformation. Das Symbol stellt nicht Stagnation, sondern einen Prozess dar.

Es mag hilfreich sein, sich die Utopie vor der Folie dieses alten chinesischen Symbols vorzustellen, insbesondere, wenn mensch dazu bereit ist, die übliche maskulinistische Annahme, dass das Yang dem Yin überlegen sei, abzulegen, und stattdessen die wechselseitige Abhängigkeit und Wandelbarkeit beider Hälften als wesentliches Merkmal dieses Symbols anzuerkennen.

Yang ist männlich, hell, trocken, hart, aktiv, durchdringend. Yin ist weiblich, dunkel, feucht, weich, empfangend, aufnehmend. Yang ist Kontrolle, Yin Akzeptanz. Es sind starke gleichrangige Kräfte; keine kann für sich allein existieren, und jede ist im ständigen Prozess begriffen, sich zur jeweils anderen zu wandeln.

Die Utopie wie auch die Dystopie sind oftmals von Wildnis umgebene Enklaven maximaler Kontrolle – etwa in Samuel Butlers »Ergindwon«, E. M. Forsters »Die Maschine steht still« und Jewgenij Samjatins »Wir«.

Gute Bürgerinnen und Bürger der Utopie halten die Wildnis für gefährlich, feindselig, unbewohnbar; für abenteuerlustige oder rebellische Dystopierinnen und Dystopier steht sie hingegen für Veränderung und Freiheit. Darin sehe ich Beispiele für die wechselseitige Wandelbarkeit des Yang und Yin: die dunkle geheimnisvolle Wildnis, die einen hellen sicheren Ort einfasst, ist der schlechte Ort – der dann zum guten Ort wird, als helle, offene Zukunft, die ein dunkles, abgeriegeltes Gefängnis umschließt ... oder umgekehrt.

Während dieses Muster in den vergangenen fünfzig Jahren über und über, vielleicht bis zur Erschöpfung, wiederholt wurde, werden Variationen dieses Themas immer vorhersehbarer und irgendwann beliebig.

Nennenswerte Abweichungen von diesem Muster sind Huxleys »Schöne Neue Welt«, eine Eudystopie, in der die Wildnis auf eine Enklave begrenzt bleibt, die so vollständig von einem engmaschig kontrollierten Yang-Weltstaat dominiert wird, dass jede Hoffnung auf Freiheit oder Wandel eine Illusion bleibt; und Orwells »1984«, eine reine Dystopie, in der das Yin-Element so vollständig durch das Yang eliminiert wurde, dass sich nur noch müde Anklänge in der passiven Hörigkeit der kontrollierten Massen und in den manipulierten Wahnvorstellungen von Wildnis und Freiheit finden.

Yang, der Dominator, versucht stets, seine Abhängigkeit vom Yin zu leugnen. Mit kompromissloser Klarheit zeigen Huxley und Orwell das Ergebnis solchen erfolgreichen Leugnens. Durch psychologische und politische Kontrolle haben diese Dystopien einen Zustand nicht-dynamischer Stagnation erreicht, in der keine Veränderung mehr möglich ist. Die Balkenwaage ist eingefroren: eine Seite zeigt nach oben, die andere nach unten. Alles bleibt für immer Yang.

Wo aber ist die Yin-Dystopie? Ist sie vielleicht in der Post-Holocaust-Literatur und den Horrorgeschichten über Horden von herumtrottenden Zombies zu finden oder in den sich zunehmender Beliebtheit erfreuenden Visionen gesellschaftlichen

Zusammenbruchs und völligen Kontrollverlusts – Chaos und alte Nacht?

Aus der Sicht von Yang betrachtet, ist Yin nur negativ, minderwertig, schlecht, und bislang hatte Yang immer das letzte Wort. Nur gibt es kein letztes Wort.

Mir scheint, gegenwärtig werden nur Dystopien geschrieben. Um eine Utopie schreiben zu können, müssen wir vielleicht den Yin-Aspekt unseres Denkens stärken. Mit »Immer nach Hause« habe ich versucht, eine Yin-Utopie zu schreiben. Ist sie mir geglückt?

Ist eine Yin-Utopie vielleicht gar ein Widerspruch in sich selbst, weil alle bekannten Utopien nur aufgrund starker Kontrollausübung funktionieren, und Yin kontrolliert nicht? Und doch ist es eine große Kraft. Aber wie funktioniert sie?

Das kann ich nur erahnen. Mein Gefühl ist, dass die Gedanken, die wir uns gegenwärtig zumindest anfänglich darüber machen, wie wir unser Streben weg von menschlicher Dominanz und ewigem Wachstum hin zu menschlicher Anpassungsfähigkeit und langfristigem Überleben wandeln können, Teil eines Umschwungs von Yang zu Yin sind. Sie beinhalten somit eine Akzeptanz des Vergänglichen und Unvollkommenen, ein Aushalten des Ungewissen und Provisorischen, eine Freundschaft mit dem Wasser, der Dunkelheit und der Erde.

# Weithin verwandt



Vergangene Woche hörte ich den Poeten Bill Siverly sagen, die Essenz moderner Hochtechnik sei es, die Welt als Einwegware zu denken: nach Gebrauch zu entsorgen. Die an dieser Konferenz[65] Teilnehmenden sind zusammengekommen, um gemeinsam darüber nachzudenken, wie wir jene Mentalität überwinden können, die uns ständig suggeriert, der Technofix sei die Antwort auf all unsere Probleme. Es ist leicht gesagt, dass wir nicht noch mehr sogenannte hochentwickelte Techniken brauchen, die unweigerlich auf der weiteren Plünderung der Erde basieren. Ebenso leicht gesagt ist, dass wir auf Kreisläufen beruhende, nachhaltige – alte wie neue – Techniken brauchen: Töpfern, Maurern, Nähen, Weben, Zimmern, Klempnern, Solarenergietechnik, Landwirtschaft, Informationstechnik und viele weitere mehr. Aber inmitten unserer orgiastischen Weltvernutzung ist es für uns Herren und Herrinnen der Schöpfung, die beim Autofahren digitale Nachrichten verschicken, ein enormer Kraftakt, das Smartphone zur Seite zu legen und nicht Ausschau nach dem nächsten Technofix zu halten. Unsere Mentalität zu verändern, ist eine gewaltige Herausforderung. Um die Welt verantwortungsvoll zu pflegnutzen, anstatt sie und unsere Lebenszeit zu *ver*nutzen, müssen wir unser In-der-Welt-Sein von Grund auf neu lernen.

Verantwortungsvolle Lebenskunst, bewusste Zueignung zur Welt und freudvolles Teilsein der Welt – all das gründet immer auch auf der Kenntnis unserer Verwandtschaftsbeziehungen als Tiere unter Tieren. Darwin stellte dieses Wissen auf eine naturwissenschaftliche Basis. Gegenwärtig erweitern Poetinnen wie auch Naturwissenschaftler die rationale Grundlage unserer verwandtschaftlichen Gefühle zu Wesen ohne Nervensystem und zu scheinbar unbelebten Wesen – unsere tiefe Verbundenheit als natürliche Wesen unter natürlichen Wesen, als Materie unter Materie. Diese Verwandtschaftsbeziehungen sind komplex und wechselseitig – sie umfassen immer mindestens zwei Wege, sind nicht Einweg-, sondern Mehrwegsysteme, und gründen auf wechselseitiger Verbundenheit. Nichts in diesem Universum ist getrennt, nichts wirkt in nur eine Richtung.

So betrachtet, sind wir Menschen einfach besonders lebendige, intensive und bewusste aufeinander bezogene Knotenpunkte in einem Netzwerk aus unendlichen Beziehungen – einfach oder komplex, unmittelbar oder subtil, robust oder filigran, temporär oder andauernd. Dieses als Ganzes immerwährende, jedoch an individuellen Knoten hochempfindliche Beziehungsgeflecht zwischen allen Wesen umfasst auch jene, die wir landläufig als ›Dinge‹, als ›Objekte‹ bezeichnen.

Descartes und die Behavioristen klassifizierten Hunde starrsinnig als gefühllose Maschinen. Ist es ein Zeichen ähnlicher Arroganz, wenn wir Pflanzen Gefühle absprechen?

Eine Möglichkeit, um Bäume, Flüsse oder Hügel nicht länger zu bloßen ›natürlichen Ressourcen‹ zu degradieren, ist es, in ihnen Mitgeschöpfe – Verwandte – zu erkennen.

Woran ich mich hier versuche, ist letztlich, das Universum zu subjektivieren, also als Subjekt anzuerkennen – schauen Sie bloß, wohin uns die Objektivierung, die Verdinglichung der Welt geführt hat! Etwas als Subjekt wahrzunehmen, heißt nicht notwendigerweise, es zu unterwerfen, zu kolonialisieren und auszubeuten. Stattdessen kann es unser Bewusstsein und unsere Phantasie um Dimensionen erweitern.

Welche Mittel können uns bei dieser Erweiterung unterstützen? In ihrer lyrischen Naturstudie »Romantic Things« schrieb die Autorin Mary Jacobus: »Weiter als mit der gemessenen Sprache der Poesie können wir uns Phänomenen wie den unhörbaren Stimmen unbelebter Objekte oder dem unbewegten Sein von Bäumen wohl nicht annähern.«

Poesie ist jene Ausdrucksform menschlicher Sprache, die versuchen kann, zu sagen, was ein Baum, ein Fels, ein Fluss *ist*, die also in menschlicher Gebärde *für sie* sprechen kann, und zwar in beiderlei Bedeutungen des Worts ›für‹. Ein Gedicht kann diese stellvertretende Fürsprache ausdrücken, indem es die Qualität der individuellen Beziehung zwischen einem Menschen und einem ›Ding‹ – einem Fels, einem Fluss oder einem Baum – vermittelt oder indem es dieses Ding schlichtweg so wahrhaftig wie möglich beschreibt.

Die Naturwissenschaften beschreiben akkurat von außen, die Poesie beschreibt akkurat von innen. Die Naturwissenschaften deuten hin, sie ›explizieren‹ – die Poesie deutet an, sie ›impliziert‹. Beide feiern das, was sie beschreiben. Wir brauchen die naturwissenschaftliche ebenso wie die poetische Sprache, um nicht bloß endlos ›Informationen‹ anzuhäufen, die ganz und gar nicht dazu beitragen, unserer Ignoranz und Verantwortungslosigkeit entgegenzuwirken.



Indem sie eine Alternative zu unbegründeten, starrsinnigen Vorurteilen schaffen, können die Naturwissenschaften unsere moralische Empfindsamkeit steigern; indem sie ästhetische Ordnungs- und Schönheitsprinzipien demonstriert und darbietet, kann die Poesie unser Bewusstsein um ein Gefühl der Verbundenheit erweitern, das der achtlosen Nutzung und Ausbeutung unserer Mitgeschöpfe, der Verschwendung und dem Leid vorbeugt.

Oft steht die Poesie im Dienst der Religion; und die monotheistischen Religionen, die die Verbindung des Menschen zum Göttlichen über alles stellen, befeuern die Arroganz. Doch selbst auf diesem harten Grund findet die Poesie eine Sprache mitfühlender Verbundenheit mit unseren Mitgeschöpfen.

So schrieb der christliche Mystiker Henry Vaughan im 17. Jahrhundert:

*Und wenn die Hügel und die Täler bersten vor Gesang,*
*obschon die stummen Steine weder Wort noch Rede haben,*
*derweil agile Bö'n und Bäche wendig strömen, eifrig wispern,*
*so harren Steine in Verehrung tief.*[66]

Mit ›Verehrung‹ meinte Vaughan ehrfürchtiges Erkennen – und freudvolles Teilsein – der heiligen göttlichen Ordnung. Ich verstehe unter ›Verehrung‹ ehrfürchtiges Erkennen – und freudvolles Teilsein – der unendlichen Verbundenheit aller Dinge, der heiligen natürlichen Ordnung. Und so, wie wir die Steine als in heiliger Kommunion mit uns verbundene Mitgeschöpfe erkennen, werden diese vielleicht auch uns erkennen.

# Unumgrenzt



*Wir machen zu viel Geschichte.*

*Mit oder ohne uns*
*Sind da die Stille*
*Und die Steine und das ferne Gleißen.*

*Was es aber gilt, zu sein,*
*ist, oh, der kleine Sang der Schwalben*
*im ewig abendtrüben*
*Wasser unter Weiden.*

*Zu sein heißt, zu wissen, dass der Fluss*
*Lachse fasst und der Ozean*
*Wale fasst, so sacht*
*wie Körper Seelen fassen*
*in der Gegenwart, in der Gegenwart.*[67]

# Anmerkungen

1 Im November 2019 wurden der Weltöffentlichkeit die in einer Tongrube im Ostallgäu gefundenen, auf ein Alter von 11,62 Millionen Jahren datierten fossilierten Überreste einer bislang unbekannten Menschenaffenart vorgestellt. Der Erstbeschreibung von Ausgrabungsleiterin Madelaine Böhme zufolge zeichne sich der Knochenbau der Gattung *Danuvius guggenmosi*, benannt nach ihrem Entdecker, dem Hobbyarchäologen Sigulf Guggenmos (1941–2018), durch einen für den aufrechten Gang ausgelegten Knochenbau aus. Bislang galt der aufrechte Gang auf zwei Beinen (Bipedie) als wichtigstes Unterscheidungsmerkmal zwischen Menschenaffen und Menschen. Die verbreitete Hypothese, wonach die Bipedie und damit die Menschwerdung vor sechs bis sieben Millionen Jahren in der ostafrikanischen Savanne ihren Anfang nahm, muss somit in Frage gestellt werden. Dies ändert freilich grundsätzlich nichts an Ursula K. Le Guins kulturanthropologischer Argumentation. Siehe: Madelaine Böhme et al.: A new Miocene ape and locomotion in the ancestor of great apes and humans. In: Nature 575, 6.11.2019, S. 489–93. (A. d. Ü.)

2 Ursula K. Le Guin verstand sich als Feministin und setzte sich in ihrem Werk nicht nur kritisch mit patriarchalen Strukturen und stereotypen Geschlechterbildern auseinander, sondern brach diese immer wieder ganz bewusst. Aufgrund grammatikalischer Unterschiede zwischen der englischen und der deutschen Sprache gilt es bei der Übertragung ins Deutsche, Entscheidungen zu treffen, vor denen die Autorin nicht stand. Diese Entscheidungen habe ich im Sinn der in den Texten angelegten Gesellschafts- und

Geschlechterkritik sowie im Sinn eines guten Leseflusses getroffen. Auf sprachliche und typografische Stolpersteine in Form geschlechtsneutraler Schreibweisen mit Asterisk, Unterstrich oder Binnen-Majusekel habe ich verzichtet, sondern stattdessen durch andere Mittel das unserer Sprache eingeschriebene Vorurteil von der Überlegenheit weißer westlicher Männer sichtbar gemacht, gebrochen oder ad absurdum geführt: Wenn im Folgenden also an manchen Stellen etwa ›Mammutjäger‹, ›Held‹, ›Kolonisator‹ oder ›Utopist‹ ausschließlich in der maskulinen Form gebraucht wird, sind Bezüge zu den aus den jeweiligen Kontexten hervorgehenden patriarchalen Machtausübungen durchaus beabsichtigt. Dies soll nicht heißen, dass Menschen nicht-männlichen Geschlechts kategorisch von den als ›Patriarchalisierung‹ zu bezeichnenden historischen Praktiken der Unterjochung und Weltvernutzung ausgeschlossen würden oder dass jede Verwendung des grammatikalischen Maskulinums vor diesem gesellschaftskritischen Hintergrund erfolgt wäre. An anderen Stellen wird zwischen der weiblichen und männlichen Form abgewechselt, an wieder anderen ausschließlich das Femininum verwendet. Grundsätzlich kann jede gebrauchte grammatikalische Form als eine Einladung an die Lesenden verstanden werden, sich zu fragen, warum dort gerade diese und nicht eine andere Form verwendet wurde, sowie dazu, die jeweils andere Form bewusst mitzudenken – oder eben nicht. (A. d. Ü.)

3 Das altgermanische *flahskō(n),* das althochdeutsche *flaska* und das mittelhochdeutsche *vlasche* ist mit ›flechten‹ und darüber mit ›Flachs‹ verwandt. Es bezeichnete ursprünglich ein Behältnis aus Holz, Ton, Leder, Metall oder anderem Material, das zum Schutz und Transport mit Flechtwerk umgeben war. (A. d. Ü.)

4 Elizabeth Fisher: Woman's Creation. Sexual Evolution and the Shaping of Society, New York: McGraw-Hill, 1975, S. 58.

5 Siehe die Anfangs- und Schlusssequenzen von Stanley Kubricks 1968 veröffentlichtem, auf einer Erzählung von Arthur C. Clarke basierendem Science-Fiction-Epos »2001: Odyssee im Weltraum«. (A. d. Ü.)

6 Die Gattung *Avena* (Hafer) ist auf dem amerikanischen Kontinent nicht heimisch, sondern wurde durch europäische Kolonisatoren nach 1492 eingeführt. (A. d. Ü.)

7 Der chilenische Lyriker Pablo Neruda vertrat sein Land von 1970 bis 1972 als Botschafter in Frankreich. Sein Landsmann, der Schriftsteller Antonio Skármeta, war von 2000 bis 2003 Botschafter in Deutschland. Der Dramatiker Václav Havel war von 1989 bis 1992 der letzte Präsident der Tschechoslowakei und von 1993 bis 2003 der erste der Tschechischen Republik. (A. d. Ü.)

8 Der ›opponierbare‹ (abbiegbare) Daumen ist ein Unterscheidungsmerkmal zwischen den Altweltaffen (also auch dem Homo sapiens) und den Neuweltaffen, die den Daumen nicht von den anderen Fingern abbiegen, sondern ihn nur an diese heranführen können. (A. d. Ü.)

9 Vgl. folgende Zeilen aus Robert Frosts Gedicht »The Death of the Hired Man«: *Home is the place where, when you have to go there / They have to take you in.* (Robert Frost: North of Boston. New York: Henry Holt and Co., 1914, S. 20.) (A. d. Ü.)

10 Robert C. Elliott: The Shape of Utopia. Chicago: University of Chicago Press, 1970, S. 100.

11 Elliott, a. a. O., S. 8 f.

12 Der Begriff ›Utopie‹ (wörtlich: ›Nicht-Ort‹ von altgriechisch *ou*, nicht, und *topos*, Ort) geht auf den 1516 veröffentlichten philosophischen Dialog »Utopia« – eigentlich: »De optimo rei publicae statu deque nova insula Utopia« (Vom besten Zustand des Staates und der neuen Insel Utopia) – des englischen Staatsmanns Thomas Morus (1478–1535) zurück. (A. d. Ü.)

13 Milan Kundera: Das Buch vom Lachen und Vergessen. München: DTV, 2000, S. 34.

14 Gespräch mit Milan Kundera in London und Connecticut. In: Philip Roth: Shop Talk. Ein Schriftsteller, seine Kollegen und ihr Werk, Reinbek: Rowohlt, 2005, S. 114-26, hier S. 122.

15 Dieses Zitat findet sich nicht wörtlich in »De bello gallico«, erinnert jedoch an folgende Aussage über Julius Cäsar des römischen Schriftstellers Sueton: »Er griff auch die vorher noch unbekannten Britannier an, besiegte sie und verlangte von ihnen Geld und Geiseln.« (Sueton: Kaiserbiographien. Herausgegeben von Ursula Blank-Sangmeister, Ditzingen: Reclam, 2018, S. 20.) (A. d. Ü.)

16 Diese kolonialistischen Fremdzuschreibungen sollen hier nicht unreflektiert reproduziert werden, sondern werden im Sinn historischer Genauigkeit nur dort wörtlich übersetzt, wo sie auf den typischen Sprachgebrauch oder ethnografischen Fachjargon des 20. Jahrhunderts verweisen. (A. d. Ü.)

17 Walton Bean: California. An Interpretive History, New York: McGraw-Hill, 1968, S. 4.

18 Howard A. Norman: Introduction. In: The Wishing Bone Cycle, New York: Stonehill Publishing Co., 1979.

19 Norman, a. a. O.

20 Elliott, The Shape of Utopia, S. 107.

21 Bean, California, S. 4.

22 Victor Turner: Das Ritual. Struktur und Anti-Struktur, Frankfurt a.M.: Campus, 2000, S. 127.

23 Elliott, The Shape of Utopia, S. 100.

24 Ebd.

25 Jewgenij [Evgenij] Samjatin: Wir. Übersetzt von Josef Meinolf Opfermann, Berlin: Europäischer Literaturverlag, 2013, S. 55 f.

26 Im mythologischen Kosmos William Blakes (1757–1827) steht der Gott Urizen – lautmalerisch: *your reason,* »eure Ratio« – für

eine durch Abstraktion und Rationalität geschaffene Verstandes- und Gesetzesordnung. Blake gab Urizen auch den Namen Nobodaddy (Niemandsvater). In dem bekannten Kupferstich »The Ancient of Days« stellte er ihn als bärtigen Demiurg (Weltenbauer) mit überdimensioniertem Zirkel dar. (A. d. Ü.)

27 William Blake, »The (First) Book of Urizen«, 4,8 ff., in William Blake, Complete Writings, hrsg. von Geoffrey Keynes (Oxford: Oxford University Press, 1972), S. 224.

28 Elliott, The Shape of Utopia, S. 87.

29 Lao Tzu: Tao Te Ching. A Book About the Way and the Power of the Way. A New English Version by Ursula K. Le Guin, Boulder: Shambala Press, 1998, Kapitel 38, S. 52 f. Die hier zitierte Stelle ist eine ins Deutsche übertragene Passage aus Ursula K. Le Guins Übersetzung des »Daodejings« ins Englische. Diese ging aus ihrer jahrzehntelangen Beschäftigung mit Laozis Werk sowie der Zusammenarbeit mit dem Sinologen J. P. Seaton hervor und wurde erstmals 1997 veröffentlicht, also ganze fünfzehn Jahre, nachdem Le Guin diesen Vortrag verfasst hatte. Weil ihre Übersetzung das hier Gemeinte jedoch deutlicher transportiert als die verfügbaren deutschen Fassungen habe ich diesen Anachronismus gern in Kauf genommen. (A. d. Ü.)

30 »The Marriage of Heaven and Hell« (Proverbs of Hell), in William Blake, Complete Writings, S. 151.

31 Philip Roth: Gespräch mit Milan Kundera in London und Connecticut, S. 120.

32 »Vala, or the Four Zoas«, IX,164 ff., in William Blake, Complete Writings, S. 361f.

33 Der Kojote (*Canis latrans; coyote*, von aztekisch *cóyotl*, Mischling), auch bekannt als nordamerikanischer Prärie- oder Steppenwolf, gehört zur Familie der Hunde *(Canidae)*, sieht einem kleineren Wolf ähnlich und kommt von Mittelamerika bis Alaska

vor. In der Mythologie vieler nordamerikanischer Ethnien spielt Coyote eine zentrale Rolle, dargestellt als ebenso listige wie tölpelhafte Tricksterfigur, als heiliger Narr, als göttlicher Schelm. Typischerweise gilt Coyote gleichermaßen als Schöpfer- wie auch als Widersacherfigur, die zwar die Erde und die Menschen erschaffen hat, der jedoch nur mit Vorsicht zu begegnen ist. Wenn im Folgenden nicht von der biologischen Art, sondern von der Trickster-Figur die Rede ist, wird die englische Schreibweise ›Coyote‹ als Eigenname beibehalten. Für weitere Details siehe: Lewis Hyde: Trickster Makes This World. Mischief, Myth, and Art, New York: Farrar, Straus and Giroux, 1998; oder: Paul Radin et al.: Der göttliche Schelm. Ein indianischer Mythen-Zyklus, Zürich: Rhein-Verlag, 1954. (A. d. Ü.)



34 Kenneth Roemer: Using Utopia to Teach the Eighties. In: World Future Society Bulletin, Juli–August, 1980.

35 »Walden Two« ist ein 1949 erschienener utopischer Roman des US-Verhaltensforschers B. F. Skinner (1904–1990). Durch ›programmiertes Lernen‹ und ›Sozialtechnik‹ *(social engineering)* werden darin eine als ideal beschriebene – jedoch von kritischen Stimmen als totalitär und faschistoid empfundene – Gesellschaft aufgebaut wird. Der Roman inspirierte zahlreiche soziale Experimente im wirklichen Leben. In deutscher Übersetzung liegt vor: B. F. Skinner: Walden Two. Die Vision einer besseren Gesellschaftsform. Übersetzt von Harry Theodor Master, FiFa-Verlag, 2002. (A. d. Ü.)

36 Turner, Das Ritual, S. 125. ›Liminalität‹ (von lateinisch *limen*, Schwelle) ist ein von Victor Turner geprägter Begriff, der einen Schwellenzustand beschreibt, in dem sich Individuen oder Gruppen befinden, nachdem sie sich rituell von der üblichen Sozialordnung gelöst haben. So sind etwa die Teilnehmenden eines Initiationsritus während der liminalen Phase keine Kinder mehr,

aber auch noch keine Erwachsenen. ›Liminalität‹, ›Marginalität‹ und ›Inferiorität‹ sind für Turner wesentliche Aspekte von Communitas. (A. d. Ü.)

37 Fritjof Capra: Wendezeit. Bausteine für ein neues Weltbild. Überarbeitete und erweiterte Ausgabe, Bern: Scherz, 1987, S. 296.

38 Als ich mich damit plagte, diese Abhandlung zu schreiben, hatte ich die vier Bände von Robert Nichols' Romanreihe »Daily Lives in Nghsi-Altai« glücklicherweise noch nicht gelesen. Denn andernfalls hätten sich meine Gedanken nicht so frei und ungeschützt mit den seinen decken, überwerfen und kreuzen können. Mein Text wäre ebenso im Bewusstsein der Existenz von Nghsi-Altai geschrieben worden, wie Pierre Menards »Don Quijote« im Bewusstsein der Existenz von Cervantes' »Don Quijote« geschrieben wurde, und würde sich möglicherweise noch stärker von seinem Vorbild unterscheiden als Menards von Cervantes' »Quijote« (vgl. Jorge Luis Borges' Erzählung »Pierre Menard, Autor des Quijote«, A. d. Ü.). Mein Text kann – und wird hoffentlich – im Bewusstsein um die Existenz von Nghsi-Altai gelesen werden; und der Umstand, dass Nghsi-Altai in so mancherlei Hinsicht genau dort angelangt ist, wo ich mich abmühte hinzukommen, obwohl es in genau der entgegengesetzten Richtung liegt, kann den Nutzen und die Bedeutung meiner Anstrengungen nur unterstreichen. Und sollte diese Anmerkung die eine Leserin oder den anderen Leser dazu bringen, Nghsi-Altai für sich selbst zu entdecken, dann hat sich die ganze Mühe bereits gelohnt.

39 Paul Radin et al.: Der göttliche Schelm. Ein indianischer Mythen-Zyklus, Zürich: Rhein-Verlag, 1954, S. 153. (Leicht bearbeitet)

40 Lao Tzu, Tao Te Ching, A New English Version by Ursula K. Le Guin, S. 22. (Siehe Anmerkung 29)

41 Claude Lévi-Strauss: Das Feld der Anthropologie. Inauguralvorlesung am Lehrstuhl für Sozialanthropologie, gehalten im Col-

lège de France am Dienstag, dem 5. Januar 1960. In: Strukturale Anthropologie II. Suhrkamp, 1975, S. 11–44, hier S. 39 f.



42 Lévi-Strauss, a. a. O., S. 40.

43 Lévi-Strauss, a. a. O., S. 41.

44 Siehe Anmerkung 26.

45 Zhuangzi. Herausgegeben und übersetzt von Viktor Kalinke, Leipzig: Leipziger Literaturverlag, 2018, Kapitel 11, S. 282 ff.

46 Zhuangzi, a. a. O., Kapitel 23, S. 520. James Legge übersetzte die letzte Zeile mit *»Those who cannot do this will be destroyed on the lathe of Heaven«* (Wer dies nicht vermag, wird auf der Drehbank des Himmels zerstört werden) – eine wunderbare Wendung, der ich viel verdanke (vgl. Le Guins Roman »The Lathe of Heaven«, in deutscher Übersetzung: »Die Geißel des Himmels«, A. d. Ü.); doch dann wies mich Joseph Needham freundlich darauf hin, dass die Drehbank zu Zhuangzis Zeiten in China noch gar nicht erfunden worden war. Zum Glück gibt es heute Burton Watsons ausgezeichnete englische Übersetzung. (Auf Deutsch wurde 2018 die erste vollständige, durch Viktor Kalinke akribisch besorgte Übersetzung von Zhuangzis Werk veröffentlicht und 2019 als Publikumsausgabe im Verlag Reclam aufgelegt; A. d. Ü.)

47 Teilweise in Nghsi-Altai.

48 Austin Tappan Wright: Islandia. New York: Alfred A. Knopf, 1942, S. 490.

49 Claude Lévi-Strauss: Antworten auf Umfragen. In: Strukturale Anthropologie II. Suhrkamp, 1975, S. 305–23, hier S. 318.

50 ›Enantiodromie‹ (Gegenlauf) ist ein in den Schriften des Heraklit von Ephesos (etwa 535–475 v. Chr.) angelegtes kosmisches Prinzip vom unaufhörlichen Gegen-, Mit- und Ineinanderwirken der Kräfte, wonach alles sich nicht nur in ständigem Wandel befindet (*panta rhei*, alles fließt), sondern sich früher oder später auch in sein genaues Gegenteil verkehrt. (A. d. Ü.)

51 Lévi-Strauss, Das Feld der Anthropologie, S.41.

52 Inspiriert durch die Ideen des Astrophysikers Gerard K. O'Neill wurde die »L5 Society« 1975 von Carolyn Meinel und Keith Henson gegründet, um die Kolonisierung des Weltraums voranzutreiben. (A. d. Ü.)

53 Alfred L. Kroeber (1876–1960), als Kulturanthropologe, Archäologe und Ethnolinguist eine der prägendsten Figuren der modernen Anthropologie in den USA, war Ursula K. Le Guins Vater. Ihre Mittelinitiale erinnert an Le Guins Mädchennamen Kroeber. (A. d. Ü.)

54 Alfred L. Kroeber: Handbook of the Indians of California, Smithsonian Institution, Bureau of American Ethnology Bulletin, Ausg. 78, 1925, S. 344.

55 Kroeber, a. a. O., S. 374.

56 Elliott, The Shape of Utopia, S. 100.

57 »Ozymandias«, die griechische Form des Thronnamens des altägyptischen Pharaos Ramses II., ist der Titel eines 1818 veröffentlichten Sonetts des englischen Lyrikers Percy Bysshe Shelley. Es erzählt von einem Wanderer, der in der Wüste auf ein zerfallenes Monument Ozymandias stößt, dessen Blick auf die Trümmer seines einstigen Reichs gerichtet ist:
*Und auf dem Sockel stehet dieses Wort: / ›Ozymandias der Könige König lebt: / Ihr Mächtigen erbleicht an diesem Ort!‹ // Nichts ist geblieben dort. Um den Verfall / Des Steinkoloss erstreckt sich fort um fort / Der flache Sand im leeren Widerhall.*
Inspiriert wurde das Gedicht durch den fragmentierten Kopf einer Statue Ramses II., der 1816 von Theben nach London überführt wurde, und sich heute im British Museum befindet. (Percy Bysshe Shelley: Shelleys Traum nach vorn. Ausgewählte Gedichte. Herausgegeben, übersetzt und kommentiert von Erich F. Engler, Berlin: Edition Rugerup, 2017, S. 39.) (A. d. Ü.)

58 Vgl. Ursula K. Le Guins 1989 erschienene Essaysammlung »Dancing at the Edge of the World« (Tanzen am Abgrund/Ende/Saum der Welt), dem die beiden Texte »Die Tragetaschentheorie des Erzählens« und »Ein nicht-euklidischer Blick auf Kalifornien als kalten Ort in spe« entnommen wurden. (A. d. Ü.)

59 ›Essentialismus‹ (von lateinisch *essentia*, Wesen) ist die philosophische Auffassung, dass Entitäten – etwa Männer, Frauen oder Menschen dieser oder jener Ethnie – notwendig und naturgegeben bestimmte Eigenschaften besitzen. (A. d. Ü.)

60 Anspielung auf das Münchner Abkommen (offiziell: »Abkommen zwischen Deutschland, dem Vereinigten Königreich, Frankreich und Italien, getroffen in München am 29. September 1938«), geschlossen in der Nacht vom 29. auf den 30. September 1938 von den Regierungschefs Adolf Hitler, Neville Chamberlain, Édouard Daladier und Benito Mussolini. Das Abkommen legte fest, dass die Tschechoslowakei, die an den Verhandlungen nicht beteiligt gewesen war, das Sudetenland ans Deutsche Reich abtreten musste. Im angelsächsischen politischen Diskurs wird der Begriff ›München‹ stellvertretend für eine Situation, in der Verhandlungsbereitschaft von einem Kontrahenten als Schwäche ausgelegt werden könnte, gebraucht. 1950 bediente sich etwa US-Präsident Harry S. Truman in einer Ansprache dieser Assoziation, um die militärische Beteiligung der USA am Koreakrieg zu rechtfertigen: »Aus München hat die Welt gelernt, dass Sicherheit nicht durch Beschwichtigungspolitik zu erkaufen ist.« (A. d. Ü.)

61 Siehe Ursula K. Le Guin: Freie Geister. Neu übersetzt von Karen Nölle, Frankfurt: Fischer Tor, 2017; sowie: Ursula K. Le Guin: Immer nach Hause. Übersetzt von Matthias Fersterer, Karen Nölle & Helmut W. Pesch, Berlin: Carcosa, 2023.

62 Primo Levi: Die Untergegangenen und die Geretteten. Aus dem Italienischen von Moshe Kahn, München: DTV, 2015, S. 39.

63 Siehe Anmerkung 12.

64 Analog zur ›Utopie‹ (vgl. Anmerkung 12) bezeichnen ›Eutopie‹ (von griechisch *eu*, gut) und ›Dystopie‹ (von *dys*, schlecht) Visionen von ›guten‹ bzw. ›schlechten‹ Orten. (A. d. Ü.)

65 Der hier ausgewählte Vortrag wurde am 8. Mai 2014 unter dem Titel »Deep in Admiration« als Keynote-Lecture der vom 8. bis 10. Mai 2014 an der University of California in Santa Cruz veranstalteten Konferenz »Anthropocene: Arts of Living on a Damaged Planet« gehalten; der Vortrag sowie die anschließende Podiumsdiskussion zwischen Ursula K. Le Guin, der Biologin Donna J. Haraway und dem Anthropologen James Clifford sind online als Videomitschnitte verfügbar. Vortrag: vimeo.com/97364872; Diskussion: vimeo.com/98270808. (A. d. Ü.)

66 Henry Vaughan: »The Bird«. In: L.C. Martin (Hrsg.): The Works of Henry Vaughan, 2. Auflage, Clarendon Press, 1914, S. 496 f. (Übersetzt von M. F.)

67 Dies ist der englische Wortlaut des Gedichts »Infinitive«:
*We make too much history. // With or without us / There will be the silence / And the rocks and the far shining. // But what we need to be / is, oh, the small talk of swallows / in the evening ever / dull water under willows. // To be we need to know the river / holds the salmon and the ocean / holds the whales as lightly / as the body holds the soul / in the present tense, in the present tense.*

S. 12 »The Carrier Bag of Fiction« (Die Tragetaschentheorie des Erzählens) wurde erstmals in der Essaysammlung »Dancing at the Edge of the World. Thoughts on Words, Women, Places«, New York: Grove Press, 1989, veröffentlicht.

S. 22 »The Operating Instructions« (Die Gebrauchsanweisung) erschien erstmals in dem Band »The Wave in the Mind. Talks and Essays on the Writer, the Reader, and the Imagination«, Boston: Shambhala, 2004.

S. 29 »A Non-Euclidean View of California as a Cold Place to be« (Ein nicht-euklidischer Blick auf Kalifornien als kalten Ort in spe) wurde in »Dancing at the Edge of the World« erstmals in Buchform veröffentlicht.

S. 60 »›A War Without End‹« (»Ein Kampf ohne Ende«) ist »The Wave in the Mind« entnommen.

S. 75 »Utopiyin, Utopiyang« (Utopyin, Utopyang) wurde in dem Band »No Time to Spare. Thinking About What Matters«, Boston: Houghton Mifflin Harcourt, 2017, veröffentlicht; eine deutsche Übersetzung erschien 2018 im Verlag Golkonda in »Keine Zeit zu verlieren. Über Alter, Kunst, Kultur und Katzen«. Wir danken dem Verlag für die freundliche Genehmigung, den Text hier in eigener Übersetzung publizieren zu dürfen.

S. 79 »Deep In Admiration« (Weithin verwandt) erschien erstmals in dem Gedichtband »Late in the Day. Poems 2010–2014«, Oakland: PM Press, 2015.

S. 83 »Infinitive« (Unumgrenzt) ist dem Gedichtband »Sixty Odd. New Poems«, Boston: Shambhala, 1999, entnommen.

thinkOya Akt. Dünger fürs Denken.

Akt 83
Friederike Habermann
**Der unsichtbare Tropenhelm**
Wie koloniales Denken noch immer unsere Köpfe beherrscht
112 Seiten, 10 Euro, ISBN 978-3-927369-75-7

Akt 66
Maude Barlow
**Die Wasser-Allmende**
Eine gute Zukunft braucht gutes Wasser für alle
92 Seiten, 10 Euro, ISBN 978-3-927369-78-8

Akt 112
Christopher D. Stone
**Haben Bäume Rechte?**
Plädoyer für die Eigenrechte der Natur
128 Seiten, 10 Euro, ISBN 978-3-927369-81-8

Akt 08
Wendell Berry
**Körper und Erde**
Essay über gutes Menschsein
96 Seiten, 10 Euro, ISBN 978-3-927369-97-9

thinkoya

**thinkOya**
Am See 1
17440 Klein Jasedow
Telefon +49 (03 83 74) 7 52 24
info@think-oya.de
**www.think-oya.de**